두려워할 필요 없는 삶에 대하여

THE WISDOM OF
MARCUS AURELIUS

두려워할 필요 없는 삶에 대하여

마르쿠스 아우렐리우스 지음
로빈 워터필드 편역
노윤기 옮김

푸른숲

현대의 《명상록》 번역본 목록에 더해진 매우 가치 있는 성과다. 로빈 워터필드의 번역은 정확하면서도 읽기 쉽고 힘이 있다.

크리스토퍼 길, 엑서터대학교 고대 사상 명예 교수

역사적·철학적으로 권위 있을 뿐 아니라 현대 독자에게 꼭 필요한 정보를 정확히 전해 주는 책이다. 현재 접할 수 있는 《명상록》 번역본 중에서 단연 최고다.

브래드 인우드, 예일대학교 철학·고전학 석좌 교수

로빈 워터필드의 번역은 절제되어 있으면서도 긴장감이 살아 있고, 매우 적확하다. 입문자의 이해를 돕고, 전문가에게 흥미로운 통찰을 제공하며, 마르쿠스 아우렐리우스의 사유를 본래 의미에 충실하게 풀어 준다.

월스트리트 저널

서문

삶을 제대로 살아 내려는
이들을 위하여

마르쿠스 아우렐리우스 안토니누스^{Marcus Aurelius Antoninus}는 로마 제국의 제16대 황제였다. 이 축약한 황제명으로 통칭되는 그는 서기 161년 3월 7일부터 180년 3월 17일까지, 향년 58세로 서거할 때까지 제국을 다스렸다. 로마의 평화와 번영을 이끈 다섯 황제 가운데 마지막 인물이었으며, 자신이 이상적인 군주로 여긴 선왕 안토니누스 피우스^{Antoninus Pius}〔재위 138~161〕의 성품과 태도를 본받고자 했다.

마르쿠스는 자신의 철학적인 이상을 올바른 법규와 통치로 실현하고자 최선을 다했으나 시대적인 여건이 이를 허락하지 않았다. 무엇보다 재위하는 내내 정체 모를 전염병이 창궐했는데, 세기말이 되어 그 기세가 사그라질 때까지 수백만 주민이 목숨을 잃었다. 마르쿠스의 형제이자 공동 황제였던 루키우스 베루스Lucius Verus도 이 재앙의 희생자였다. 그로 인하여 마르쿠스는 169년 1월부터는 단독으로 황제직을 수행했다.

또한 당시는 접경에서의 전쟁과 내부 세력의 반란이 끊이지 않는 시대였다. 마르쿠스는 이러한 시대적 숙명을 묵묵히 받아들여야 했다. 실제로 그는 로마의 영토를 침범하려는 게르만족을 상대로 다뉴브 강변에서 전투를 벌이던 중 사망했다. 전투에서 입은 부상 때문은 아니었는데, 실제로도 몸소 전열에 나서서 싸우는 일은 없었을 것이다. 평생을 결핵과 그에 따른 각종 질환에 시달렸던 그는 전반적인 건강 악화로 전장에서 숨을 거두어야 했다.

공감할 수밖에 없는 사유의 결정체,《명상록》
마르쿠스는 중부 유럽에서 원정 활동을 벌이는 동안

일종의 개인적인 비망록을 적어 내려가고 있었다. 그가 남긴 공책 열두 권과 자필 기록물 490점은 사후에 발견되었고, 주변에서 이를 보존하여 후대에 전했다. 마르쿠스 자신은 이 기록을 출간할 생각이 전혀 없었지만 몇 세기가 지나는 동안 기록물들이 조금씩 세상에 알려졌고, 이후에는 서구 세계에서 가장 널리 알려져 사랑받는, 영감을 주는 대중 철학서로 확산되었다. 우리는 이 책을 간단히 마르쿠스 아우렐리우스의 《명상록》이라고 부른다.

유럽이라는 그가 인식한 세계에서 가장 부유하고 권세 있던 인물이 이러한 책을 남길 만큼 겸손하고 자기비판적이었다는 사실은 매우 놀랍다. 그의 사색에 인간 본성에 대한 믿음을 회복하고자 하는 열망이 담겨 있다는 점 또한 그러하다. 하지만 이 책이 널리 사랑받는 더욱 중요한 요인은 누구라도 공감할 수밖에 없는 친근한 문체 덕분이다. 마르쿠스는 5천만 백성을 다스리는 절대 군주가 아닌 평범한 개인의 관점으로 자신을 바라본다. 사유와 독백으로 자신을 깊이 들여다본 결과물이 이 책이다. 마르쿠스가 '너'라고 자주 지칭하는 대상은 언제나 본인이지만, 독자들은 그 발화의 대상을 자기 자신으로 받아들이게 된다. 그가 고백하는 인간적인 결함과 욕망이 독자 자신의 것과 다르지 않다고 느끼기 때문이다. 그래서 우리는 그의 조언과 질책에 공감하고 귀를 기울인다.

삶의 난맥상을 치유하는 방법, 스토아 철학

마르쿠스의 철학적 토대는 스토아주의였다. 그가 스토아 철학에 매료된 이유에는 사유의 사회적인 역할을 거부하지 않고 오히려 장려하는 학파의 분위기가 있었을 것이다. 에피쿠로스라는 동시대 다른 학파의 경우, 평정심을 얻기 위해서는 세상을 떠나 은둔해야 한다고 가르쳤고, 로마 황제에게 그러한 처신은 불가능했다. 마르쿠스는 《명상록》 전반에서 에피쿠로스학파가 주장하는 피세적인 세계관과 그러한 종류의 여러 주장을 비판했다. 스토아학파는 에피쿠로스학파와 달리 평정심이라는 것이 세상과 올바른 관계를 맺을 때 비롯된다고 주장했다. 특히 평정심을 깨는 모든 생각과 감정은 자신의 마음에서 나오기 때문에, 무엇보다 인간은 자신의 마음을 다스려 평정심을 되찾아야 한다고 가르쳤다.

스스로 고백한 것처럼 황제 마르쿠스는 학문에 탐닉할 시간이 없었고, 젊은 시절에 몰두했던 철학의 탐구를 이어갈 수도 없었다. 하지만 그에게 스토아 철학만큼은 단순한 학문 이상의 의미가 있었다. 고대 세계에서 철학 학파들은 종교가 제시하지 못하는 중요한 관념의 토대를 제공했다. 당시 종교는 엄숙한 의례를 실행하는 형식에 치중했기 때문이다. 그래서 도덕적으로 더 나은 사람이 되고자 하거나, 나아가 스토아학파에서 현자의 경지로 일컫는 깨달음에 이르려는 사람들은 대체로 철학에 이르고자 했다. 마르쿠스의 치세 동안 기독교가 급속히 세를 키웠으나, 기존의 이교도 전통의 종교 행위는 여전히 시대의 주류를 형성하고 있었다.

마르쿠스가 실천하고자 한 것은 인간의 내면을 고양시키는 스토아 철학의 윤리적인 측면이었다. 그는 스토아 철학을 통하여 자신의 신념 체계를 철저히 반성하고 끊임없이 쇄신했으며 삶의 방향을 재설정했다. 그래서 자신의 느낌과 감정, 희망, 공포 등을 떠나 오로지 이성에만 의지하고자 했고, 우주의 삼라만상을 주관하는 신적이고도 자애로운 섭리인 이성을 자신과 합치시키고자 했다. 우리는 《명상록》을 읽으며 마르쿠스가 이 모든 일을 정확히 실천하기 위하여 고민하는 모습을 볼 수 있다. 그리고 그 모습을 보며 자신의 내면을 성찰할 동기를 부여받게 된다.

그러므로 일기 형식으로 쓰인 대부분의 기록은 그가 더 나은 인간이자 더 나은 황제가 되는 데 필요한 사유와 지혜로 자신의 "마음을 물들이는"〔어느 구절에서 그가 표현한 것처럼〕 일종의 수단인 셈이었다. 마르쿠스는 스승과 제자 사이의 대화편으로도 볼 수 있을 일련의 대화에서 양쪽 모두의 역할을 맡아 발언하고 있으며, 그렇게 만들어 간 대화와 성찰 들은 그에게 조제약의 처방전처럼 기능했을 것이다. 참이라고 판단한 도덕규범들을 처방하여 실천하고 필요한 경우에는 이를 다시 처방하는 식이었으니, 각각의 항목이

때로는 스스로 어떻게 행동해야 하는지를 알리는 지침이었고 때로는 행위를 교정하는 약제 한 회분이었다.

독자들에게 스토아 철학에 대한 배경지식이 있다면 마르쿠스의 생각을 더 잘 이해할 수 있겠지만, 관련 지식이 없다고 해도 이 책에 담긴 지혜를 습득하는 데는 아무런 문제가 없다. 마르쿠스가 고민한 문제들은 누구라도 공감할 만한 삶의 중요한 화두들이기 때문이다. 비록 그 언어가 스토아적인 외피를 걸치고 있기는 하지만, 마르쿠스의 사유는 자신의 삶을 제대로 살아 내고자 노력하는 사람이라면 누구나 겪을 법한 문제들을 깊이 파고든다. 마르쿠스에게 스토아적인 실천이란 무엇보다도 세속적이고 물질적인 대상에 집착하는 증상이라거나 덧없고 충동적인 감정에 "이리저리 끌려다니는" 삶의 난맥상을 치유하는 방법이었다. 그는 자신을 움직이고 충동하는 것이 무엇인지 알지 못한다면 한순간도 자기 삶의 주인일 수 없다는 사실을 깊이 이해했다.

21세기 현대인에게 여전히 유효한 통찰

이 작은 책을 구성하는 발췌문들은 내가 번역한《명상록: 주석판*Meditations: The Annotated Edition*》완역본에서 가져왔다. 하지만 일부 문장은 그 판본의 의도와 문맥에 따라 수정했다.

《명상록》에는 여러 특징이 두드러진다. 첫째, 마르쿠스는 자신이 허약한 체질이었고 죽음에 대하여 많은 생각을 한 사실을 넌지시 기술했다. 둘째, 궁중의 일부 인사가 자신을 얼마나 고통스럽고 성가시게 했는지 자주 토로했다. 황제로서 바쁜 일정을 소화하며 날마다 협의하고 청원을 해결하고 서한을 작성한 그도 인간관계는 피곤했던 모양이다. 셋째, 그는 사후에 남을 명성에 대하여 많은 성찰을 했다. 이 같은 주제에 몰두한 사실이 사소해 보일 수도 있지만, 그는 로마 제국의 황제였고 그의 업적은 많은 주목을 받게 될 수밖에 없었다. 실제로 그의 삶은 역사로 기록되어 후대에 길이 남겨졌다. 우리는 비록 황제가 아니지만, 타인의 공감과 존중을 바랐을 그의 마음을 조금은 헤아려 볼 수 있다.

이 작은 《명상록》, 즉 《두려워할 필요 없는 삶에 대하여》에는 당연히 앞서 말한 세 가지 내용이 거론되지만, 21세기를 살아가는 지금의 독자들은 물론이고 어떤 연령대의 독자들도 흥미롭게 읽을 다양한 주제의 고백들이 담겨 있다. 물론 그가 언급하지 않는 주제들도 있다. 이를테면 마르쿠스는 전쟁이나 평화, 혹은 사랑과 우정과 성에 대해서는 거의 이야기하지 않거나 전혀 언급하지 않았다. 하지만 세상과 인간 삶의 여러 측면에 대하여 깊은 통찰을 보여 주며, 이를 생각을 자극하고 관점을 풍부하게 하는 다양한 성찰의 언어로 풀어 냈다. 이 작은 책이 마르쿠스를 처음 만나는 이들에게 길잡이가 되어 주기를 바란다. 이미 원본을 만끽한 독자들도 이 책을 지니고 다니며 이따금 한 대목씩 되짚어 보기를 바란다.

로빈 워터필드

차례

2장 덧없는 것에 집착하고 있는가

3장 기쁨도 분노도 너의 마음에서 왔다

4장 세상에는 그런 사람도 있는 법이다

5장 어떻게 살아야 올바른가

1장

무엇이 그렇게 근심스러운가

믿음에 대하여

함부로 판단하지 않는다면 아무 문제 없다

무언가 너에게 해롭다면 다른 사람이 그렇게 만들었기 때문이 아니다. 주변 여건이 바뀌었거나 변질되었기 때문도 아니다. 그렇다면 무엇 때문인가? 그것을 나쁘다고 여기는 네 마음의 판단 때문이다. 그러니 함부로 판단하지 않는다면 모든 것은 아무 문제가 없다. 가까운 예로, 너의 몸이 부서지고 찢어지고 고름을 흘리고 부패해도, 현실을 함부로 비판하는 마음은 단호히 거부해야 한다. 즉, 선한 사람과 악한 사람 모두에게 일어날 수 있는 일은 나쁘지도 좋지도 않다고 생각해야 한다. 결국 우리 삶은 자연과 조화를 이룰 수도 있고 불화를 이룰 수도 있지만, 그렇다고 해서 그것이 온전히 자연에 합치되거나 위배되는 것은 아니다.

———

오늘 나는 나를 고통스럽게 하던 모든 것에서 벗어났다. 아니, 정확히 말하면 그 모든 것을 벗어던졌다. 왜냐하면 그것들은 내 밖에 있던 것이 아니며, 내 안에서 나의 마음과 신념을 뒤덮고 있었기 때문이다.

———

기억해라. '모두 네가 받아들인 것'이라는 사실을. 세상을 어떻게 받아들이는가는 너의 선택에 달려 있다. 그리고 원한다면 너의 생각을 무엇으로든 바꿀 수 있다. 그렇게 할 수 있다면, 선원이 땅끝을 돌아 고요한 포구에 안기듯 너 역시 잔잔한 물결 같은 평안을 얻을 수 있을 것이다.

세상의 모든 사물은 그 자체로 우리 마음에 아무런 영향을 미치지 못한다. 마음에 스며들 수도 없고, 마음을 뒤바꿀 수도 없고, 마음을 흔들 수도 없다. 마음을 바꾸고 흔드는 것은 오직 자신의 마음뿐이다.

변화에 대하여

변화로 해를 입는 일은 결코 없으리라

네가 존재하지 않게 되는 순간은 고작 찰나의 시간이 흐른 뒤일 뿐이다. 네가 지금 보고 있는 모든 것과 네가 함께 살아가는 모든 이도 곧 사라진다. 모든 것이 변하고, 모든 것이 쇠퇴하며, 모든 것이 소멸한다. 그리고 다음 세대의 세상이 펼쳐진다. 그것이 자연의 법칙이다.

네가 보고 있는 모든 것은 우주를 이끄는 자연의 원리로 한 순간에 바뀔 수 있다. 자연은 자신의 물질을 변화시켜 더 많은 것을 만들어 내고, 다시 그 물질을 사용하여 또 다른 것들을 만들어 낸다. 그렇게 우주를 영원히 젊은 존재로 유지한다.

변화가 두려운가? 하지만 변화 없이 어떤 일이 일어날 수 있겠는가? 자연의 원리에 이보다 더 부합하는 일이 있는가? 너의 일상을 살펴보라. 장작을 잿더미로 변하게 하지 않고 따뜻하게 목욕할 수 있는가? 음식이 변하지 않고 너의 신체를 북돋을 수 있는가? 아무런 변화 없이 어떤 일이 벌어질 수 있겠는가? 너에게 벌어지는 일들도 이와 같으며, 이는 자연의 원리에 부합하는 일임을 알지 못하는가?

덜 익은 포도와 무르익은 포도와 건포도라는 일련의 단계
는 소멸의 과정이 아니다. 단지 이전 시점에 존재하지 않던
다른 상태로의 변화일 뿐이다.

———————

모든 것은 변한다. 너 자신도 변하고 있으며 어떤 의미에서
는 소멸하고 있다. 우주 전체도 마찬가지이다.

———————

시간은 사건들을 흘려보내는 강이고, 그 흐름은 도도하다.
어떤 것이든 눈앞에 나타나자마자 삼켜 버리고, 또 다른 것
이 나타나지만 그 역시 이내 휩쓸어 버린다.

———————

삶에서 무엇을 마주하든 그것의 처음을 생각해 보라. 그것

이 무엇으로 이루어져 있고, 무엇으로 변하고 있고, 변화한
뒤에는 어떤 모습일지 생각해 보라. 그리고 그 변화로 해를
입는 일은 결코 없으리라는 사실을 생각해라.

미래도 과거도 너를 짓누를 수 없다

이것을 기억해라. 설령 네가 3천 년을 산다고 해도, 혹은 그
보다 열 배를 더 산다고 해도 잃는 것은 지금 한 번의 삶이
며, 얻는 것 또한 지금 한 번의 삶임을. 그러므로 가장 긴 삶
과 가장 짧은 삶은 결국 같다. 지금 이 순간은 모든 이에게
똑같고 이 순간이 흘러간다는 사실 또한 모두에게 똑같다.
결국 우리가 잃는 것은 매 순간뿐이다. 누구도 과거를 잃을
수 없고 누구도 미래를 잃을 수 없다. 가지고 있지 않은 것

을 잃을 수 있는 사람은 없기 때문이다. 가장 오래 사는 자와 가장 짧게 사는 자의 시간은 같다는 사실을 생각해 보라. 왜냐하면 사람이 잃을 수 있는 것은 오직 현재뿐이며 그것이야말로 사람이 가진 전부이기 때문이다. 자신이 가지지 않은 것을 잃을 수 있는 사람은 없다.

———————

언제 어디서든 스스로 실천할 수 있는 일이 있다. 지금 처한 상황을 겸허히 받아들이고, 곁에 있는 이에게 바르게 행동하고, 충분히 알지 못하는 것이 마음을 어지럽히지 않도록 생각을 다스리는 일이 그것이다.

———————

인생을 살아가는 일은 레슬링 경기와도 같다. 너는 언제 닥칠지 모를 모든 상황을 대비해야 하고, 예기치 못한 일에도 넘어지지 않는 사람이 되어야 한다.

먼 훗날 얻고자 하는 인생의 모든 덕목은 스스로 거부하지 않는 한 지금 이 순간에도 가질 수 있다. 네가 할 일은 과거를 흘려보내고, 미래를 신의 섭리에 맡기며, 오직 현재에 집중하는 일이다. 그리고 그 현재를 경건하고 의롭게 포용하는 일이다. 경건함이란 섭리가 너를 그 자리에 둔 사실을 깨닫는 일이고, 그 사실을 운명으로 받아들이는 일이다. 의로움이란 어떤 왜곡이나 제약도 없이 진실을 말하고, 법과 공평의 준칙에 따라 행동하는 일이다. 타인의 불의한 행위와 말과 생각이, 혹은 육신의 겉핥기에 불과한 너의 감각이 네가 나아갈 바를 가로막도록 두지 마라.

인간은 덧없이 흘러가는 현재의 순간을 살아가는 존재라는 사실을 기억해라. 나머지 삶은 이미 지나갔거나 아직 도래하지 않았다.

자신의 삶 전체를 조망하고자 할 때 엄습하는 불안감을 경계해라. 이미 일어났거나 앞으로 벌어질 온갖 종류의 고난을 지나치게 우려하여 현실에 붙잡아 두지 마라. 오로지 지금 벌어지는 일들에 집중해라. 그리고 지금 눈앞에서 벌어지는 일들이 정말로 견딜 수 없고 감당할 수 없는 일인지 자문해 보라. 그렇다고 인정하는 것이 얼마나 부끄러운 일인지 알게 될 것이다. 그리고 스스로 깨닫게 되리라. 미래도 과거도 너를 짓누를 수 없으며, 오직 현재만이 너를 압박한다는 사실을. 하지만 현재도 그것 자체만 놓고 보면 감내하기 어렵지 않다는 사실을. 만일 너의 마음이 이렇게 단순한 것도 견디지 못한다고 불평한다면, 그때는 스스로를 꾸짖어야 한다.

해석을 덧붙여 과장하지 마라

즉시 전해지는 첫 느낌 너머의 것을 꾸며 내지 마라. 만약 누가 너를 헐뜯는다는 소문을 들었다면, 그 사실이 전부이다. 그 소문에 네가 피해를 입었다는 내용은 없다. 내가 보고 있는 것은 나의 아이가 아프다는 사실뿐, 아이가 위험에 처했다는 징후는 어디에도 없다. 그러니 언제나 첫 느낌을 신뢰하면 그뿐, 온갖 해석을 덧붙여 과장하지 마라. 그럴 수 있다면 너는 무엇에도 흔들리지 않는 사람이 될 수 있다.

운에 대하여

고통을 참는 용기가 진정한 행운을 만든다

한때 내가 태생적으로 운이 좋다고 생각했다. 하지만 정말 운이 좋은 사람은 운을 스스로 만드는 사람이다. 그리고 그 운은 선한 동기와 선한 의지와 선한 행위로 이루어진다.

파도를 맞는 절벽처럼 의연해야 한다. 거센 파도가 쉼 없이 밀려오는가? 그 파도가 너에게만 들이치는가? 너에게만

고난이 닥치다니 참으로 불행하다고 생각하는가? 오히려 너는 이렇게 말해야 한다. "수많은 고난을 지금껏 견뎌 왔구나. 지금껏 상처 입지 않았듯이 앞으로도 무너지지 않을 터이니, 오히려 나는 강인한 사람이 아닌가?" 누구에게나 고난은 일어나지만 누구나 고난을 견디지는 못한다. 그렇다면 너는 절망에 빠지지 않았으므로, 자신을 불운한 사람으로 여길 것이 아니라 자랑스럽게 여겨야 하지 않겠는가? 자신의 본성을 마주하는 사람을 불운하다고 말할 수 있을까? 그 본성이 마주해야 할 일을 마주하는 것을 본성에 어긋난다고 말할 수 있을까? 너는 인간의 본성이 무엇인지 수많은 가르침을 통하여 배우지 않았는가? 네가 겪은 일들이 너의 고귀함과 의로움, 성실함, 절제함, 침착함, 정직함, 도덕성, 자립심 등을 훼손할 수 있다고 생각하는가? 너를 고통스럽게 하는 일을 마주할 때마다 이 원칙을 기억해야 한다. 너에게 다가오는 고통은 불운의 결과가 아니며, 고통을 참아 내는 일이야말로 행운을 만드는 진정한 용기라는 사실을.

등불은 꺼지기 직전까지 빛을 낸다

인간의 삶은 날마다 소진되고 있으며, 주어진 시간은 시시각각 줄어들고 있다. 설사 수명이 연장된다고 해도, 정신을 온전히 보존하여 사물의 실상을 이해하고 신과 인간의 본질을 헤아리는 지적인 능력을 발휘할 수 있을지는 알 수 없다. 몸이 노쇠할 때 가장 먼저 시작되는 증상은 땀이 나고 소화가 안 되고 감각이 무디어지고 충동이 조절되지 않는 것이 아니다. 인간에게서 가장 먼저 사라지는 것은 정성

껏 가꾼 마음의 소양이다. 이를테면, 스스로 올바르게 처신하는 일, 행위의 범위를 적절히 조절하는 일, 감각과 느낌을 통제하는 일, 그리고 이제 삶에서 물러날 때가 되었다는 사실을 아는 능력이 그것이다. 그러므로 네가 조급하게 생각해야 할 것은 매 순간 죽음에 가까워지고 있다는 사실이 아니다. 세상을 이해하고 그것과 소통하는 정신의 힘이 신체보다 먼저 쇠락하리라는 명백한 사실이다.

———

이제 너도 주어진 시간이 얼마 남지 않았다는 사실을 온몸으로 느껴야 한다. 그 시간의 언저리에 서려 있는 안개를 걷어 내지 않으면, 삶은 일순간 흘러가 버리고 너 또한 안개에 휩쓸릴 것이다. 기회는 다시 오지 않는다.

———

등불의 빛은 꺼지기 직전까지 빛을 낸다. 그런데 네 안의 진리와 정의와 절제는 미리부터 꺼져 있지는 않은가?

———————

너는 지금껏 무수히 많은 고초를 겪었고 그것을 당당히 이겨 냈다는 사실을 기억해라. 이제 네 삶의 서사는 결말을 향하여 나아가고 있으며, 너에게 주어진 임무도 마무리되고 있다. 네가 목격한 누군가의 훌륭한 행위들을 기억해라. 네가 이겨 낸 허다한 고난들을 기억해라. 네가 고사한 헛된 명예들을 기억해라. 그리고 너에게 무례했던 이들에게 예를 다한 수많은 일을 기억해라.

———————

죽음을 앞둔 너는 아직도 마음을 비우지 못했고, 평정심을 얻지 못했고, 세상 무엇도 너의 선한 의지를 훼손할 수 없다는 믿음도 가지지 못했고, 사람을 너그러이 대하는 능력도 갖추지 못했고, 너의 지성을 오로지 올바른 행위에 바치는 일에도 집중하지 못했다.

세상을 살면서 신체는 왕성한데 정신이 쇠락해짐을 느끼는
일은 매우 끔찍하다.

죽음은 해방이다

신께서 이렇게 말씀하셨다고 생각해 보자. 내일 너의 목숨을 거두겠노라. 늦어도 모레까지는 너의 목숨을 취하겠노라. 계산이 정확하지 않은 사람도 이렇게 불평할 것이다. 내일 죽든 모레 죽든 무슨 차이가 있는가? 네가 내일 죽든 몇 년을 더 살고 죽든, 거기에도 차이가 없기는 마찬가지다. 삶이 지속되는 시간을 따지는 일은 아무런 의미가 없다.

―――――――

죽음이란, 감독이 희극 배우를 고용하여 공연을 시작했지만 극이 끝나기도 전에 그를 무대에서 내리는 것과 같다. 배우라면 이렇게 항의할 것이다. "저는 5막 중에서 3막까지 연기했을 뿐입니다!" 하지만 인생이라는 연극은 때로 3막에서 끝이 난다. 끝을 정하는 이는 당신을 태어나게 하시고 이제는 거두기로 하신 그분이니, 당신은 탄생과 죽음 어느 쪽에도 관여할 수 없다. 그러니 그대여, 묵묵히 주어진 삶을 살아라. 너를 부르시는 신의 담담한 모습처럼 말이다.

―――――――

만 년을 살 것처럼 운신하지 마라. 운명은 언제나 너의 머리 위에 드리워져 있다. 할 수만 있다면 살아 있는 동안 선을 행하라.

죽음은 우리에게 해방을 가져다준다. 온몸을 피로하게 하는 감각과, 마음을 요동치게 하는 충동과, 내면에서 벌어지는 끝없는 소란과, 육신에 봉사하는 삶으로부터 말이다.

나는 자연이 인도하는 길을 걸을 뿐, 그러다 쓰러져 영원한 안식을 맞이한다면, 매일 들이켜던 공기를 마지막 숨으로 내쉬고 그 자리에 누울 것이다. 그 땅은 아버지가 씨를 얻은 곳이고, 어머니가 피를 받은 곳이며, 유모가 젖을 내던 곳이다. 오랜 세월 음식과 물을 내주고, 나의 발을 지지해 주며, 사사로운 이익마저도 아낌없이 허락한 곳이다.

마케도니아의 왕 알렉산드로스Alexandros도 죽음 앞에 이르자 자신의 노새를 돌보던 마부와 같은 자리에 섰다.

당신은 배에 올랐고, 돛을 올려 항해했으며, 마침내 육지에 이르렀다. 그렇다면 이제 배에서 내려야 한다. 도착한 곳이 다른 생이라고 할지라도, 그 역시 신들이 섭리하는 곳이니 두려워할 것 없다. 그곳이 감각을 느낄 수 없는 곳이라면, 더 이상 고통과 쾌락에 얽매이지 않게 될 것이다. 그렇다면 육신이라는 허울을 벗어던질 수 있다. 누추한 육신보다는 육신이 모시는 정신이 더 훌륭하지 않은가? 육신이 흙과 피라면 정신은 그것을 지키는 마음이자 영혼이기 때문이다.

철학적이지는 않지만, 죽음을 두려워하지 않을 유용한 방법이 있다. 조금 더 살기 위하여 필사적으로 노력했던 이들의 이름을 떠올리는 일이 그것이다. 그리고 자문해 보라. 그들이 일찍 죽은 이들보다 무엇을 더 얻었는가? 장수한 이와 단명한 이 모두 무덤에 들어가 있을 뿐, 인생의 길고 짧음을 따지는 일은 허망하다. 인생에서 겪는 일들과, 그 여정에서 마주치는 사람과, 생의 마지막까지 끌고 갈 남루한 육신을 생각하면 더욱 그러하다. 그러니 자신의 삶을 너무 소중히 여기지 마라. 뒤로는 무한한 과거가 펼쳐져 있고 앞으로는 끝없는 미래가 놓여 있으니, 그 한가운데 서서 생각해 본다면, 사흘밖에 살지 못한 아기와 네스토르Nestor(호메로스의 《일리아스》에 등장하는 장수長壽한 장군)보다 세 배나 더 산 사람 사이에 무슨 차이가 있겠는가?

죽음을 가벼이 여기지 말고 자연의 수많은 이치 가운데 하나로 받아들여라. 죽음은 삶이 흩어지는 일이고, 인생의 계절이 부르는 자연스러운 변화일 뿐이다. 젊은이가 노인이 되는 일과, 성장하여 성숙한 사람이 되는 일과, 이가 나고 수염이 자라고 머리가 세는 일과, 아이를 잉태하여 출산하는 일이 자연의 흐름이라면, 인간이 죽음을 맞이하는 일 또한 자연의 흐름이다. 그러므로 세상의 이치를 깊이 깨우친

사람은 죽음을 외면하지 않고 경멸하거나 두려워하지도 않는다. 당연한 과정으로 생각하고 담담히 받아들일 뿐이다.

아무리 성실하고 지혜로운 사람이더라도 그가 숨을 거두는 마지막 모습에 기뻐하는 사람은 있기 마련이다. 그 사람은 임종을 지켜보며 이렇게 생각할 것이다. '저 고집 센 사람이 드디어 죽는구나. 겉으로 모진 말을 한 적은 없지만 언제나 나를 못마땅히 여겼지.' 인품이 훌륭한 사람도 그럴진대, 지극히 평범한 우리는 오죽할까? 사람들이 우리의 죽음을 기뻐할 이유는 헤아릴 수 없이 많을 것이다. 그러니 죽음을 맞게 되었을 때는 이렇게 생각하는 것이 낫다. '내가 그토록 헌신하고 걱정하고 응원했던 사람들조차 속으로는 나의 죽음을 기뻐하고 자신의 안위만을 살필 뿐이니, 이것이야말로 내가 떠나는 삶의 진짜 모습이구나.' 그렇다면 너는 왜 이토록 누추한 세상에 조금 더 머물고자 그토록 애쓰는가?

몸무게가 수백 킬로그램에 이르지 못한다는 사실이 불만스러운가? 그렇지 않다면 수명이 수십 년 더 연장되지 않는다는 사실도 불만스럽지 않을 것이다. 너는 주어진 신체의 크기에 만족하며 살고 있으니, 주어진 시간의 한도에도 만족하며 살아야 한다.

———————

죽음을 목전에 둔 바로 그 순간, 너의 몸과 영혼이 어떤 모습일지 생각해 보라.

신은 나쁜 일을 허락하지 않는다

어떤 일도 좋은 때에 마무리된다면 나쁘다고 말할 수 없으며, 그 일을 행한 사람 또한 나쁜 일을 했다고 말할 수 없다. 마찬가지로, 수많은 행위의 총합인 우리의 삶도 좋은 때에 마무리된다면 나쁘다고 말할 수 없으며, 그 삶을 산 사람도 나쁜 삶을 살았다고 말할 수 없다. 삶의 여정과 그 끝맺음은 자연의 섭리에 따라 이루어질 뿐이다. 인간은 나이가 들고 노쇠하여 죽기도 하지만, 때로는 우주의 섭리에 따라 일찍

삶을 마무리하기도 한다. 우주는 자신의 일부를 끊임없이 변화시키며 생명력을 유지하기 때문이다. 우주 전체에 유익한 것은 언제나 유익하고 적절하며, 우리 삶이 끝나는 것도 결코 우리에게 해롭지 않다. 그것은 부끄러운 일이 아니고, 자신의 의지로 행하는 일도 아니며, 공공의 선을 해치는 일도 아니다. 삶이 끝나는 일은 적당한 우주의 시간에 일어나는 선하고 조화로운 일이다.

————————

죽음을 두려워한다는 것은 의식이 사라지거나 그 의식이 다른 형태로 변하는 일을 두려워하는 것이다. 하지만 죽음으로 의식이 사라진다면 너는 오히려 나쁨을 의식하지 못할 것이다. 또한 의식이 다른 형태로 변한다면 너는 다른 종류의 존재가 되어 그 모습으로 살아 있을 것이다.

————————

자연의 이치를 선으로 여기는 사람은 자신의 이성을 추구할 뿐이다. 행할 일이 많든 적든 상관하지 않고, 살아갈 시간이 길든 짧든 개의치 않는다. 그러므로 죽음조차 두려워하지 않는다.

너의 모든 생각과 말과 행위는 네가 곧 삶을 떠날 수 있다는 사실을 전제로 이루어져야 한다. 그리고 신이 존재한다면 이 삶을 떠나는 것은 두려운 일이 될 수 없다. 신은 너에게 나쁜 일을 허락하지 않을 것이기 때문이다. 만일 신이 존재하지 않거나 존재하면서도 인간을 돌보지 않는다면, 우리가 신과 신의 섭리가 부재한 세상을 살아갈 필요가 있을까? 그런데 신은 우리가 살아가고 스스로를 돌보며 나쁜 일을 행하지 않는 등의 일을 전적으로 우리 각자에게 맡겨 두셨다. 그리고 무언가 정말로 나쁘다고 해도 그것을 선택할지의 여부를 각자에게 맡겨 두셨다. 그리고 그 나쁜 것이 그를 전혀 다른 악인으로 만들지 않는 한, 그것은 그의 삶을 더 나쁘게 만들지 못한다. 우주의 섭리가 이를 모를 리 없

다. 그 섭리가 무지하거나 혹은 알고도 고칠 수 없다면 그럴 수 있겠으나, 두 경우 모두 사실이 아니다. 우주가 힘이 없고 능력이 없어서 착한 사람과 나쁜 사람에게 착한 일과 나쁜 일을 허락하는 것이 아니다. 다만, 삶과 죽음, 명예와 무명, 고통과 즐거움, 부와 가난 등은 본래적으로 선도 아니고 악도 아니기 때문에 착한 사람과 악한 사람 모두에게 들이닥칠 뿐이다. 이러한 삶의 요소들이 선도 아니고 악도 아니라는 사실은 이렇게 증명이 된다.

죽음이 무엇인지 생각하는 것은 이성의 역할이다. 세상을 있는 그대로 보고 그 원리를 생각하면 그뿐, 그에 덧입혀진 감정과 인상 들을 지워 버릴 수 있다면, 우리는 세상의 모든 것이 하나의 자연스러운 섭리의 움직임일 뿐임을 알게 된다. 어린아이가 아닌 이상 우리가 자연의 섭리를 두려워할 필요는 없다. 사실 죽음은 자연의 운행일 뿐 아니라 자연에 이로움을 주는 과정이기도 하다.

신에 대하여

신은 언제나 공공선을 생각한다

사람들은 묻는다. "신을 본 적이 있는가? 신을 그토록 공경하고 신의 존재를 그토록 확신하는 이유가 무엇인가?" 나는 이렇게 답하고는 한다. 첫째, 나는 신의 섭리를 본다. 둘째, 나는 나의 영혼도 본 적이 없지만 그것을 경외한다. 신들도 마찬가지여서, 나는 신의 힘을 경험할 때마다 신의 임재臨在를 느낀다. 그러므로 신을 경외한다.

신과 함께하는 사람은 자신의 영혼으로 충만한 사람이어서 언제나 자기 몫에 만족하고 자연의 섭리에 복종한다. 자연의 섭리는 제우스가 각 사람에게 맡겨 그를 돌보고 인도하도록 하는 자연의 한 조각이다. 우리 각자에게 이것은 정신과 이성에 해당한다.

만일 신이 나에 관하여, 그리고 나에게 예정된 운명에 대하여 숙고한다면 언제나 옳은 길로 나를 인도하실 것이다. 신은 잘못된 결정을 내리지 않을 것이고, 나에게 해를 끼치려 하지도 않을 것이다. 자신의 섭리를 실현하는 공공선에 아무런 이득이 되지 않기 때문이다. 설사 내가 신들이 숙고하는 인물이 아니라고 하더라도, 신은 언제나 공공선을 생각할 것이다. 그러므로 나에게 일어나는 모든 일을 공공선의 일환으로 여기고 기꺼이 환영하고 받아들일 것이다.

괴로울 때는 내면으로 물러나라

사람들은 전원과 해변과 산속에서 자신만의 은신처를 구하고자 한다. 너 역시 그러한 안식처를 갈구하지 않았던가? 하지만 우리는 원하기만 한다면 언제나 자기 자신으로 물러나 은신할 수 있다. 그러므로 세상의 구석진 곳에서 은신처를 구하는 행위는 결코 철학적이지 않다. 사람의 마음만큼 고요하고 평온한 은신처는 존재하지 않는다.

동요하지 않는 마음을 가진 사람은 굳건한 요새와도 같다. 사람들은 그의 성채로 모여들어 자신의 마음을 의탁한다. 이보다 더 완벽한 난공불락의 성은 존재하지 않는다.

―――――

기억해라. 너는 이미 스스로 물러나 안식할 수 있는 작은 영지를 가지고 있다는 사실을. 고뇌하고 번민하고 있는가? 잠시 너의 영지로 물러나 자신의 주인이 되어라.

―――――

자신의 내면으로 침잠해 보라. 스스로 삶의 모든 요소를 규정하고, 그 가운데 평온을 얻어라. 자기 삶에 만족하는 것만큼 자연에 합당한 일은 없다.

철학만이 우리를 안전한 길로 이끈다

삶은 한순간이고 세상은 흐르는 강물과 같다. 인간의 생각
은 둔하고, 인간의 신체는 쉽게 썩어 가고, 인간의 영혼은
목적 없는 방랑자이고, 인간의 운명은 알 수 없으며, 인간의
명성은 잠시 명멸할 뿐이다. 요컨대, 육신은 흐르는 강물이
고, 영혼은 꿈과 망상이고, 인생은 전쟁이자 머나먼 방랑이
며, 사후의 명성은 망각일 뿐이다. 그렇다면 우리를 안전한
길로 인도할 것은 무엇인가? 오직 철학을 탐구하는 일뿐이

다. 철학은 우리 안에 깃든 섭리를 온갖 해악과 방해물에게서 지켜 낸다. 그래서 기쁨이나 고통에 요동치지 않게 하고, 목적을 가지고 행동하도록 한다. 거짓과 꾸밈을 멀리하도록 하고, 타인의 존재나 압력에 굴하지 않도록 돕는다. 세상에서 벌어지는 일과 자신에게 주어진 운명을 하나의 근원이 허락한 것으로 받아들이도록 한다. 그리고 죽음을 고요하고 평온한 마음으로 기다리도록 한다. 철학은 생명체를 이루는 요소들이 해체되고 흩어지는 일이 다름 아닌 죽음이라는 사실을 일깨워 주기 때문이다. 세상 모든 것이 이합집산을 하는 현상이 당연하다면 우리는 왜 만물이 변하고 흩어지는 일을 근심해야 하는가? 그것은 자연의 섭리일 뿐이며, 자연의 섭리에 나쁜 것이란 없다.

———————

네가 깊이 고민해야 할 것은 이것이니, 너는 전체의 본성이 무엇이고, 나의 본성이 무엇이고, 전체의 본성과 나의 본성은 어떻게 연결되며, 나는 전체의 어떤 부분인지를 숙고해

야 한다. 또한 네가 마음 깊이 새겨야 할 것이 있으니, 네가
말하고 행동하는 모든 것이 네가 속한 본성에서 벗어나도
록 강제하는 것은 아무것도 없다는 사실이다.

———————

인간은 인간의 도리에 맞지 않는 일에 주의를 기울여서는
안 된다. 그러한 일들은 인간에게 필요하지 않고, 인간의 본
성에 적합하지 않으며 이를 보완해 주지도 못한다. 인간 삶
의 목적에 부합하지 않으며, 결코 선한 일이라고도 할 수 없
다. 선이란 우리 삶이 스스로의 지향점에 다다를 수 있도록
이끌어 주는 덕목이기 때문이다.

　　만일 인간의 도리에 맞지 않는 일들 가운데 어떤 것이
인간 삶에 합당하다면, 그것을 무시하거나 거부하는 일은
옳지 않으며, 그것 없이 지낼 수 있다고 권하는 일도 옳지
않으리라. 또한 그것이 진정한 선이라면, 그것을 전혀 가지
지 못한 사람이 선한 사람일 수는 없으리라. 그러나 현실에
서 그러한 일들과 그와 비슷한 일들을 단호히 거부하거나

거부하려 애쓰는 사람이 있다면, 그는 분명 선하고 훌륭한 사람이라고 할 수 있을 것이다.

철학은 위안이다

만일 네가 어머니와 계모 모두를 모시고 있다면, 계모에게 마땅한 도리를 다한대도 결국 돌아갈 곳은 어머니 곁이다. 마찬가지로, 지금 네가 황실의 공무에 최선을 다한다고 해도 마침내 돌아갈 곳은 철학의 영토뿐이다. 그러므로 시간이 허락하는 한 철학으로 돌아가 그것으로부터 위안을 구해라. 철학에서 위안을 얻을 수 있다면 궁정의 그 어떤 일도 괜찮게 처리할 수 있으며, 너 자신도 괜찮은 사람이 될 수 있다.

올바른 원칙에 따라 결연히 행동하고자 하는 노력이 힘에 부친다고 해서 피로와 회의를 느끼고 그 길을 벗어나려 하지 마라. 수없이 실패한다고 해도 매번 다시 돌아가라. 네가 하는 행위가 대체로 인간을 위한다고 말할 수 있다면 그 자체로 만족해도 좋다. 그리고 네가 되돌아가는 철학을 소중히 여겨라. 철학으로 돌아갈 때는 어린아이가 스승에게 가듯 하지 말고, 눈에 염증이 있는 사람이 약솜과 안약을 찾듯, 신체를 다친 이가 붕대와 습포를 찾듯 해라. 그렇게 한다면 이성으로 회귀하는 일은 의무가 아닌 위안이라는 사실을 깨닫게 될 것이다. 철학이 원하는 것은 오직 너의 본성뿐임을 기억해라. 본성에 부합하지 않는 다른 것을 갈구한 사람은 바로 너 자신이었다. 너의 본성이 원하는 일을 충족하는 것보다 더 즐거운 일이 있겠는가?

2장

덧없는 것에 집착하고 있는가

명예에 대하여

이름은 잠시 울려 퍼지는 소음일 뿐이다

죽은 뒤 명성이 드높아지기를 기대하는 사람은, 먼 훗날 지금과는 전혀 다른 이들이 당신을 오롯이 떠받들 것이라고 착각한다. 하지만 그들도 결국은 죽음에 이르는 필멸의 존재일 뿐이다. 지금 너를 바라보는 이들과 미래에 너를 기억할 이들이 어떤 이야기를 하든 너에게 무슨 상관이 있는가?

명예가 가장 중요하다고 생각하는가? 세상의 모든 일과 인물이 얼마나 빨리 잊히는지를 생각해 보라. 우리 삶의 앞뒤로 펼쳐진 무한한 시간과, 사람들의 무심한 박수갈채와, 너를 칭송하는 이들의 변덕스러운 마음과, 그들의 덧없는 이야기와, 명성이 떠도는 한정된 공간의 모습을 떠올려 보라. 온 세상은 그저 하나의 티끌일 뿐이다. 네가 살고 있는 그 작은 구석은 또한 얼마나 보잘것없는가? 그곳에서 너를 진심으로 칭송할 사람이 몇이나 되겠는가? 그리고 그들이 정말로 원하는 것이 무엇이겠는가?

———

사후의 명예를 지고한 것으로 칭송하는 사람은, 자신을 기억하는 이들 또한 곧 죽을 것이며, 그들의 다음 세대 역시 마찬가지라는 사실을 깨닫지 못하고 있다. 기억은 사람에서 사람으로 전해지다가 결국은 그마저도 모두 사라지고 만다는 사실을 애써 외면하고 있다. 설사 너를 기억하는 이들이 불멸한다 해도, 그래서 너에 대한 기억이 영원하다고 해도 그것이 무슨 의미가 있겠는가? 단순히 죽은 자에 대한 기억이 무용하다는 이야기가 아니다. 살아 있는 사람의 경우에도, 그에 대한 칭찬이 어떤 고상한 목적에 이바지하지 못한다면 그것이 너에게 무슨 이익이 되겠는가?

───────

너는 머지않아 뼈가 되고 재가 될 뿐이며, 너의 이름이 잠시나마 기억될지조차 알 수 없다. 이름이란 무엇인가? 잠시 울려 퍼지는 소음이자 점차 희미해지는 메아리일 뿐이다.

───────

대대로 이어지는 누군가의 명예가 중요한가? 그것은 곧 죽을 사람들이 수군거리는 소문에 불과하다. 사람들은 오래전에 죽은 인물은 물론이고 자기 자신에 대해서조차 제대로 알지 못한다.

―――――

한때 세상에 이름을 떨친 위인 가운데 지금은 누구도 기억하지 못하는 이름이 얼마나 많은가! 그들을 칭송하던 사람들 가운데 이미 오래전에 세상을 떠난 이는 또한 얼마나 많은가?

―――――

머지않아 너는 모든 것을 잊게 될 것이고, 머지않아 그들도 너를 잊게 될 것이다.

―――――

그렇다면 가치 있는 것은 무엇인가? 박수갈채인가? 그렇지 않다. 그렇다면 세간에 떠도는 칭찬인가? 그 또한 마찬가지이다. 사람들의 칭찬은 결국 입속의 혀가 내는 박수 소리에 불과하다.

고귀함에 대하여

사실을 기술하는 책처럼 살라

인생의 구원은 언제나 현실을 있는 그대로 바라보고 원인과 결과를 분별하는 데서 시작된다. 그러므로 우리는 진심을 다하여 옳은 일을 하고, 옳은 말을 해야 한다. 그럴 수 있다면 선한 행위를 이어 가고 그 행위들의 틈새를 메우는 일마저 즐길 수 있다.

―――――――

옳지 않은 일은 행하지 말고, 진실이 아닌 것은 말하지 마라. 너의 삶은 네가 주도해야 한다.

―――――――

사람들은 상대를 혐오하면서도 아첨하고, 제압하려 하면서도 비굴하게 엎드린다.

―――――――

"솔직히 말해서"로 말을 시작하는 사람은 얼마나 거짓되고 간사한 자던가! 그대여, 도대체 무슨 일을 숨기고 있는가? 하지만 이러한 문제를 두고 서두를 필요는 없다. 사실이 스스로를 말해 줄 것이다. 너의 얼굴은 사실을 기술하는 책과 같아야 한다. 정직한 마음은 눈빛과 목소리에 묻어난다. 마치 사랑하는 이들이 상대의 눈길에서 서로의 마음을 느끼는 것과도 같다. 예컨대, 선하고 성실한 사람은 풀 냄새 나

070

는 염소 치는 이와도 같아서, 곁에 다가오는 사람은 원하든 원하지 않든 그의 본모습을 알아채기 마련이다. 하지만 계산된 성실함은 숨겨진 칼날과도 같다. 늑대 같은 우정보다 더 수치스러운 것은 없으며, 이를 피하는 것보다 더 중요한 일은 없다. 근본적으로 선하고 성실하고 너그러운 사람은 눈빛으로 자신의 모습을 드러내며, 누구도 이를 착각할 수 없다.

———

고귀한 인격을 가진 사람은 이러하니, 매일을 마지막 날처럼 살고, 매사에 우왕좌왕하지 않고, 일상에서 게으르지 않고, 헛된 꾸밈이 없는 삶을 산다.

———

그렇다면 진지하게 실천해야 할 것은 무엇인가? 오직 다음과 같은 일들이다. 의로운 마음을 품고, 공공의 이익에 봉사하고, 언제나 진실만을 말하는 일이다. 또한 세상의 모든 것

을 너그러이 받아들이고, 이성으로 문제를 해결하고, 세상
의 온갖 문제마저도 이성의 동일한 근원에서 흘러나왔다고
받아들이는 일이다.

본질에 대하여

보잘것없는 본질을 확인하라

만일 네가 높은 곳에 올라 인간 삶을 굽어본다면, 세상에서 벌어지는 수없는 혼란이 허무하게 느껴질 것이다. 인간과 공기와 에테르가 가득한 세상이 무심하게 펼쳐진 광경을 목격할 것이기 때문이다. 심지어 더욱 높은 곳으로 올라간다고 해도 눈앞의 풍경은 그다지 달라지지 않으리라. 요컨대, 시야에 보이는 것은 온통 덧없고 무의미한 것들뿐이다. 그런데도 우리는 그 보잘것없는 광경에 삶의 명운을 걸고 있다!

모든 것은 변한다는 진리를 세상을 바라보는 너의 관점으로 정립해라. 변해 가는 과정에 끊임없이 주의를 기울이고 그 원리에 자신의 생각을 담아야 한다. 세상과 사물을 객관적으로 이해하는 데 이 원리만큼 도움이 되는 것도 많지 않다. 세상을 객관적으로 바라보는 사람은 신체조차 초월한 사람처럼 생각한다. 머지않아 세상을 떠날 때 모든 것을 두고 가야 한다는 사실을 아는 사람은 자신의 의지로는 의로움을 추구하고, 의지가 닿지 않는 일은 보편적 자연에 겸허히 의탁한다. 사람들이 자신에 대하여 무엇을 말하고 어떻게 생각할지, 혹은 무슨 일을 획책할지에 대하여 개의치 않는다. 다만 언제나 옳은 일을 행하는 삶에 만족하고, 주어진 운명을 온전히 받아들이는 태도에 만족한다. 그러한 사람은 세상의 번잡한 일들에 마음 두기보다는, 오직 자연의 섭리를 이해하고 신의 뜻을 따르는 일에만 관심을 쏟는다.

―――――――

무한한 존재와 무한한 시간에 관하여 항상 생각해라. 존재라는 관점에서 보면 각각의 사물은 무화과 씨앗보다 작고, 시간이라는 관점에서 보면 각각의 순간은 송곳 한 번 돌리는 시간조차 되지 않는다.

―――――――

무한한 시간의 심연 가운데 우리에게 주어진 몫은 얼마나 작은가! 그것은 일순간 영원 속으로 삼켜질 뿐이다. 거대한 존재의 펼쳐짐 가운데 우리에게 주어진 조각은 얼마나 보잘것없는가! 가늠할 수 없는 영혼 전체 가운데 우리가 이해하는 영역은 얼마나 미미한가! 드넓은 대지의 토양 가운데 네가 운신하는 흙덩이 조각들은 얼마나 좁은가? 이 모든 사실을 명심해라. 너의 본성에 따르는 행위와 자연의 보편 원리를 받아들이는 일 말고는 그 무엇도 중요하게 여기지 마라.

구운 고기처럼 맛있는 음식을 먹을 때, 이것은 물고기의 사체일 뿐이고, 조류나 가축의 사체일 뿐이라고 생각하는 일은 매우 유익하다. 고급 팔레르누스 포도주도 단지 포도를 짠 즙이라고 생각하고, 자색 장식이 달린 옷도 조개 피로 물들인 양털일 뿐이라고 생각하며, 남녀의 결합 또한 신체의 마찰과 경련으로 약간의 점액이 배출되는 일이라고 생각하는 것이 좋다. 이러한 생각들은 사물의 본질에 다가가 핵심을 이해하고, 그것을 있는 그대로 보도록 하는 데 얼마나 유익한가! 이는 일생에 걸쳐 네가 해야 할 훈련이다. 어떤 것이 특별해 보이고 취해야 할 것으로 여겨질 때마다, 그 치장을 걷어 내고 보잘것없는 본질을 확인해라. 그리고 실제보다 더 중요해 보이게 하는 헛된 꾸밈과 설명을 걷어 내라.

높은 곳에서 아래를 내려다보라. 사람들이 만든 온갖 모임,

그들이 지키는 온갖 의례, 잔잔한 바다를 항해하는 무리들, 폭풍을 헤쳐 나가는 이들의 수만 가지 일이 보이는가? 태어나고 살아가다 이내 사라지는 인간 군상의 모습들이 보이는가? 과거에 살았던 이들의 삶, 지금을 살아가는 이들의 삶, 그리고 네가 떠난 뒤에 살아갈 수많은 이의 삶을 떠올려 보라. 너의 이름조차 모르는 사람이 얼마나 많은가? 곧 너를 잊을 사람은 또한 얼마나 많은가? 지금은 너를 칭송할지라도 머지않아 비난의 목소리를 낼 사람 또한 얼마나 많을 것인가? 너는 깨달아야 한다. 기억도, 명성도, 그 무엇도 중요하지 않다는 사실을.

———————

앞의 이야기에 한 가지를 보탠다면 다음과 같다. 너는 마음에 떠오르는 생각과 느낌을 반드시 규명하고 설명해야 한다. 그것이 어떤 것인지 파악하고 본질을 간파해야 한다. 그리고 그것의 올바른 모습과, 그것을 이루는 요소들의 실체와, 그것이 결국 해체되어 돌아가게 될 결과들을 스스로 확인해야 한다. 삶에서 마주하는 모든 것을 차분하고 솔직하게 들여다보는 능력만큼 객관적인 시선에 도움이 되는 것은 없다. 사물을 바라볼 때는 언제나 그것이 우주라는 거대한 체계에서 어떤 역할을 하는지 생각해야 한다. 또한 그것이 모든 사람이 가정하는 만인의 공동체인 국가를 구성하는 시민들에게 어떤 가치를 지니는지 고민해야 한다.

———————

지금 벌어지는 모든 일은 과거에도 똑같이 벌어졌음을, 그리고 앞으로도 다시 벌어질 것임을 항상 기억해라. 네가 이미 경험했거나 역사책에서 읽은 동일한 일들이 잘 짜인 연극처럼 다시금 펼쳐질 것이다. 그 모든 일을 마음으로 그려보라. 이를테면 하드리아누스^{Hadrianus}(로마 제국의 제14대 황제)의 궁정과, 필리포스^{Philip II}(마케도니아의 황제이자 알렉산드로스의 아버지)나 알렉산드로스(유럽, 아시아, 아프리카 세 대륙에 걸친 대제국을 이룩한 마케도니아의 군주)의 궁정과, 크로이소스^{Croesus}(고대 리디아 왕국의 마지막 왕)의 궁정을 떠올

려 보라.무대는 언제나 같았지만, 단지 배우들이 달라졌을
뿐이다.

허영심만큼 위험한 것은 없다

세상 모든 것은 얼마나 빠르게 사라져 버리는가! 형체 있는 것들은 우주 속으로 흩어져 사라지고, 흩어진 기억마저도 영원 속에 잊히고 만다. 눈앞에 있는 모든 것의 본질을 살펴라. 특히 우리를 쾌락과 기대감으로 유혹하거나, 고통과 두려움으로 위협하거나, 헛된 영광으로 칭송하는 것들을 자세히 살펴라. 그것들은 얼마나 하찮고 추하고 더럽고 덧없는가! 결국 썩어 가는 시체와 다를 바 없다.

주어진 운명을 거스르려 했지만 끝내 성공하지 못한 수많은 인물을 떠올려 보라. 명예에 허덕이던 사람과, 쾌락을 추구하던 사람과, 사람들을 이용해 사익을 취하던 사람들을 생각해 보라. 그리고 진지하게 자문해 보라. 그들이 추구하던 것들이 지금 어디에 있는가? 모두 연기와 재처럼 사라졌고, 한마디 수군거림으로 떠돌 뿐이고, 심지어 그조차 아는 이가 없다. 그 모든 노력은 얼마나 헛된 것이었던가! 주어진 환경에서 자신을 다스려 정의와 절제를 실천하고 신들의 뜻을 따르는 사람은 얼마나 철학적인 사람인가! 그러므로 꾸밈없이 살아가는 일이야말로 진정한 덕을 실천하는 일이다. 헛된 망상에 빠져 스스로 겸손하다고 자랑하는 사람처럼 보아 주기 힘든 이도 없다.

이성적인 생각을 무너뜨리는 데 허영심만큼 강력한 힘은

없다. 특히 자신이 매우 중요한 일을 하고 있다고 믿을 때
우리는 그 마법에 가장 깊이 빠져든다.

집착에 대하어

스쳐 지나가는 것을 소중히 간직하려 하는가

베스파시아누스^{Vespasianus}(로마 제국의 혼란기를 다스린 제9대 황제)의 치세를 생각해 보자. 그때도 지금 같은 일들이 벌어졌다. 사람들이 결혼하고, 가정을 꾸리고, 병들고, 죽고, 전쟁을 벌이고, 축제를 열고, 장사를 하고, 농사를 짓고, 아첨을 하고, 사익을 추구하고, 서로 질투하고, 음모를 꾸미고, 적의 죽음을 기원하고, 주어진 처지를 한탄하고, 사랑에 빠지고, 재물을 축적하고, 집정관이나 군주의 자리를 탐했다.

하지만 지금 그들의 흔적은 하나도 남아 있지 않다. 트라야누스Trajanus(로마 제국의 최전성기를 이끈 제13대 황제)의 시대를 돌아보아도 당시를 살아가던 이들의 자취조차 없는 것은 마찬가지이다. 어느 민족의 역사를 살펴보아도 그러하다. 헤아릴 수 없이 많은 이가 땀 흘려 일하며 자신의 삶을 일구었지만, 얼마 지나지 않아 세상을 하직했고, 이내 눈에 보이지도 않는 조각으로 흩어져 버렸다.

―――――――

어떤 것들은 존재를 이루기 위하여 나아가고, 어떤 것들은 존재를 마무리하기 위하여 나아간다. 하지만 어떤 의미에서 존재하는 모든 것은 소멸을 향하여 나아가고 있다. 세계는 끊임없는 흐름과 변화로 시시각각 새로워지며, 무한한 시간 또한 흐르는 시간 속에서 시시각각 새로워진다. 이 요동치는 변화의 한가운데서 너는 스쳐 지나가는 어떤 것을 소중히 간직하려 하는가? 그것은 마치 날아가는 참새 한 마리를 보고 애정을 느끼는 일과도 같다. 하지만 그 순간 참새는 이미 시야에서 사라져 버린 뒤이다.

———————

저명한 인물을 포함한 다수의 철학자가, 세상은 베일에 가려져 있고 우리가 확실히 인식할 수 있는 것은 거의 존재하지 않는다고 주장한다. 심지어 스토아학파의 철학자들조차 세상 만물을 확실히 인식하기는 어렵다고 이야기한다. 그렇다면 우리가 감각으로 이해하는 하찮은 물건들은 어떠한가? 그것들이 얼마나 하찮고 덧없는지 보이는가? 그것들은 부패한 관료와 도둑과 창녀가 탐하는 물건이 아니던가? 네가 경험한 사람들은 또한 어떠한가? 가장 존귀해 보이는 이들조차 가까이 두고 보면 얼마나 감당하기 힘들었던가. 이토록 비루하고 혼탁한 세상 속에서, 그리고 쉼 없이 흐르는 시간을 살아가는 변화무쌍한 존재들 가운데서, 무엇을 귀하게 여기고 무엇을 진지하게 생각해야 하는지조차 알 수 없을 때도 많지 않은가?

천상을 수놓은 별들을 너와 함께 걷는 동반자로 생각해 보라. 그리고 언제나 서로 다른 원소들로 변해 가는 만물의 이치를 생각해 보라. 이러한 사색에 젖어 본다면 너의 마음은 지상의 삶에서 묻은 더러운 티끌들을 조금은 떨쳐 낼 수 있을 것이다.

———————

세상을 살아가는 우리에게는 낯설지 않은 것이 없고, 덧없지 않은 것이 없고, 본질적으로 누추하지 않은 것이 없다. 지금 존재하는 모든 것은 우리가 이미 장례 지낸 이들의 시대에도 동일하게 존재했다.

쾌락에 대하여

쾌락을 놓쳤다고 후회할 것인가

세상의 모든 존재는 각자의 목적을 가지고 태어난다. 한 마리 말과 한 송이 포도도 마찬가지이다. 그것이 놀라운 일인가? 태양도 이렇게 말할 것이다. "나도 어떤 일을 하기 위하여 태어났노라." 수많은 신도 마찬가지이다. 그렇다면 네 삶의 목적은 무엇인가? 쾌락을 경험하는 일인가? 너는 그것이 영원하리라 생각하는가?

이성의 덕목과 공공의 책무를 인기와 권력과 재물과 쾌락 따위의 정념과 경쟁시킨다면 이는 신성 모독과 다를 바 없다. 후자의 일들은 잠시간 쾌락과 행복을 주지만, 이내 눈을 멀게 하고 나아갈 길을 흐린다. 그러므로 더 나은 곳으로 나아가는 명료한 자유의 길을 택해라. 더 나은 곳이란 너에게 이익이 되는 곳이어야 한다고 말하고 싶은가? 이성적인 존재이고자 하는 너에게 이익이 된다면 그것을 택해라. 하지만 동물적인 존재로서만 이익이 된다면 그것을 물리치고 본래의 마음을 추구해라.

후회는 좋은 기회를 놓친 자기 자신을 책망하는 일이다. 선한 사람은 좋은 것과 선한 것을 추구할 뿐, 쾌락을 놓친 일을 두고 후회하지 않는다. 그러므로 쾌락은 좋은 것도 아니고 선한 것도 아니다.

소유에 대하여

언제 잃어도 아파하지 않을 만큼만 즐겨라

사람들이 선善이라는 덕목을 어떻게 이해하는지 생각해 보자. 만일 어떤 사람이 지혜와 용기와 정의와 절제 같은 진정한 선을 추구한다면, 그는 평범한 이들이 추구하는 선에는 만족하지 못할 것이다. 사람들이 말하는 선이 그의 기준에 미치지 못하기 때문이다. 하지만 평범한 이들이 추구하는 선만을 추종할 뿐이라면, 그는 사람들이 말하는 선에 만족하고 그것을 자신의 지향점으로 삼을 것이다. 이 두 종류의

선이 서로 다르다는 것은 평범한 사람들도 어렴풋이 안다. 그렇지 않다면 후자의 선이 그토록 비판을 받고 논란의 중심에 놓이지는 않을 것이다. 사람들은 두 가지 선을 비교하며 부와 사치와 명예에 관한 재치 있는 농담을 건네기도 한다. 우리는 심지어 이렇게 일갈할 수도 있다. "누군가 좋은 재물을 지나치게 쌓아 두어 똥 눌 공간조차 없다면, 그 좋은 것이 정말로 좋은 것인가?"

―――――――

너에게 없는 것을 있는 듯 가장하지 말고, 이미 가진 것들 가운데 가장 좋은 것을 찾아 소중히 여겨라. 그리고 그것을 가지고 있지 않았더라면 얼마나 안타까웠을지 생각해 보라. 하지만 그것을 소유한 만족감에 취하여 그 소유물에 집착하는 일이 없도록 주의해라. 언제 잃어도 마음 아파하지 않을 만큼만 소유물을 즐겨라.

기도에 대하여

원하는 것을 다른 관점으로 기도해 보라

아테네인들은 이렇게 기도했다. "제우스여, 비를 내려 주소서. 아테네인들의 농토와 들판에 비를 내려 주소서." 우리도 이처럼 간결하게 기도해야 하고, 스스로 운명을 감당하듯 기도해야 한다. 그럴 마음이 없다면 차라리 기도하지 않는 것이 낫다.

신이 무력하다면 기도하는 행위는 아무런 의미가 없다. 하지만 신이 전지전능하다면 이것을 달라 하고 저것을 요청하는 기도 또한 의미가 없다. 차라리 세상을 두려워하지 않고, 헛된 것을 욕망하지 않고, 무엇에도 상처받지 않을 힘을 달라고 기도하는 편이 낫지 않겠는가? 신에게 인간을 도울 힘이 있다면 어떤 식으로든 도울 것이다. 그렇다면 너는 이렇게 질문할지도 모른다. "신은 많은 일을 나에게 맡기셨다. 그러니 나의 힘으로 할 수 없는 일이 있다고 해도, 나약하고 소극적인 마음으로 근심하기보다 스스로 그 일을 처리하는 것이 옳지 않겠는가?" 하지만 네가 하는 모든 일이 신의 뜻에 부합하리라는 생각은 옳은가? 세상의 일들에 대하여 이렇게 기도해 보라. 스스로 깨닫는 바가 있을 것이다. '저 여자를 차지하게 해 주십시오'라고 기도하기보다는 '저 여자를 욕망하지 않게 해 주십시오'라고 기도해라. '저 남자를 제거할 수 있도록 해 주십시오'라고 기도하기보다는 '저

남자를 없애고 싶어 하지 않게 해 주십시오'라고 기도해라. 또한 '아이를 잃지 않게 해 주십시오'라고 기도하기보다는 '아이를 잃는 일을 두려워하지 않게 해 주십시오'라고 기도해라. 요컨대 너의 기도를 조금 다른 관점으로 바꾸어 보라. 그러면 너에게 무슨 일이 일어나고 있는지 명확히 알게 될 것이다.

한낱 무대 장치에 마음을 빼앗길 것인가

너를 만드는 요소는 세 가지다. 신체와 호흡과 정신이 그것이니, 앞의 두 가지는 네가 보살피는 경우에만 너의 것이고, 진정으로 너의 소유라고 할 것은 세 번째인 정신뿐이다. 그러므로 정신이라는 진정한 너 자신을 다음과 같은 것들과 구분해야 한다. 타인의 모든 언행과, 너 자신의 과거 언행과, 장차 다가와 마음의 평안을 깨뜨릴 모든 우려와, 너의 의지와 무관한 신체의 작용과, 세상에 휘몰아치는 회오리 같은 번뇌에서 멀어져야만 한다. 이 모든 것으로부터 정신을 풀어놓아 운명의 속박에서 벗어나고, 스스로 제약 없는 맑은 삶을 살아가라. 옳은 일을 행하고, 의지와 무관하게 벌어지는 일들을 받아들이고, 진실을 이야기해라. 다시 말해 정신이라는 네 몸의 수장이 신체의 감각에 이끌리거나 집착하지 않고, 지나간 사건과 다가올 일 들을 멀찌감치서 관조하여, 엠페도클레스^{Empedocles}(고대 그리스 철학자)가 말한 "충만한 고독을 기뻐하는 원만한 존재"가 되도록 노력한다면, 네가 가진 단 하나의 삶인 현재의 시간을 만끽할 수 있을 것이다. 그럴 수 있다면, 죽음으로 다가서는 남은 생 동안 타인을 포용하고 자신의 영혼과 화합하며 온전한 평안을 누릴 수 있으리라.

———————

신체는 멈추어 있을 때도 움직일 때도 확고부동해야 하며, 함부로 거동하도록 두어서는 안 된다. 지적이고 품위 있는 표정을 얼굴에 담기 위해서는 정신이 담보하는 관용과 배려가 몸 전체에 배어 있어야 한다. 그러나 이 모든 것은 어디까지나 담담하고 자연스러운 모습이어야 한다.

───────────

모든 것을 주관하는 이성의 자유로운 움직임을 생각해 보라. 불이 위로 치솟고, 돌이 아래로 떨어지며, 바퀴가 경사면을 굴러가는 사물의 현상을 떠올려도 좋다. 네가 그 너머의 것을 걱정할 필요는 없다. 다른 모든 일은 너의 귀속물인 신체에 속한 것이니, 너의 정신이 그렇게 믿거나 너의 이성이 그것을 허락하지 않는 한 그것은 너에게 어떤 손해나 해악도 끼치지 못한다.

───────────

신은 물질의 겉모습과 움직임을 넘어선 의지의 중심을 보신다. 왜냐하면 신은 자신의 지성만으로 소통할 뿐이고, 그가 접촉할 수 있는 것은 그에게서 흘러나와 세상에 전달된 것들뿐이기 때문이다. 이러한 생각에 익숙해진다면 너는 혼란스러운 삶을 정연하게 정돈할 수 있을 것이다. 요컨대, 자신을 둘러싼 물질세계에 현혹되지 않는 사람이 의복과 저택과 보석같이 한낱 무대 장치에 불과한 것들에 마음을 빼앗기고 시간을 허비할 수 있겠는가?

———————

무엇이 나의 의지를 충동하는가? 지금 나는 무엇에 충동당하고 있는가? 지금 나는 무엇에 몰두해 있는가? 거기에 지성이 함께하는가? 그것이 세상과 단절되어 있지는 않은가? 혹은 지나치게 신체의 감각을 좇는 일이라서 마음이 이리저리 휘둘리고 있지는 않은가?

———————

너는 육신을 지탱하고 있는 작고 가련한 영혼일 뿐이다. 에픽테토스Epictetus(노예로 태어나 일가를 이룬 스토아 철학자로, 초기 스토아학파에 비하여 실천적인 면을 강조했다)가 말하지 않았던가?

건강과 질병에 대하여

병석에 누워서도 너의 삶을 살라

에피쿠로스는 이렇게 말했다. "병상에 있을 때 나는 육신의
고통을 이야깃거리로 만들지 않았고, 찾아온 이들에게도
고통을 호소하는 일은 삼갔다. 그 대신 자연을 탐구하는 학
자의 관점에서 내가 아는 질병과 치료법을 이야기했다. 육
신의 소란이 정신을 혼란스럽게 해도 동요하지 않고 마음
을 바로잡는 일에 집중했다. 의사들이 마치 중요한 결단을
내리는 양 우쭐대도 그냥 내버려두고 평소처럼 평안히 지

내며 나의 삶을 살 뿐이었다." 혹시 네가 병석에 눕는다고 해도 이와 같이 처신해야 하고, 다른 어떤 상황에서도 이와 같이 운신해야 한다.

———————

건강한 눈은 보이는 것을 보이는 대로 보아야 한다. "밝은색은 사양하겠소"라고 말해서는 안 된다. 그러한 말은 눈에 병이 있을 때나 해야 한다. 건강한 귀와 건강한 코도 들을 수 있는 모든 것과 맡을 수 있는 모든 것에 주의를 기울여야 한다. 건강한 위장도 마찬가지여서, 맷돌이 빻도록 준비된 모든 것을 받아들이듯, 먹을 수 있는 모든 음식을 소화할 수 있어야 한다. 그러므로, "나의 자식만큼은 무사하기를 바란다"라거나 "내가 하는 모든 일은 모두에게 칭송받아야 한다"라고 말하는 것은, 오직 옅은 색만을 바라보려는 눈이나 오직 부드러운 음식만을 원하는 치아의 허망한 집착과도 같다.

상실에 대하여

상실은 변화일 뿐이다

받을 때는 언제나 감사하고 놓을 때는 언제나 초연해라.

상실은 단지 변화일 뿐이다. 변화는 세상을 움직이고 그 움직임을 좋은 방향으로 이끄는 자연의 섭리이다. 그 섭리는 태초부터 있었고 앞으로도 이어질 영원한 것이다. 그런데 너는 왜 지금까지 일어난 일들과 앞으로 벌어질 일들을 비관하고 있는가? 신에게 이 세상을 바로잡을 힘이 없어서 끝없이 악의 마수에 시달리도록 저주받았다고 생각하는가?

감사에 대하여

자연의 섭리에 만족하며 살라

네가 기억해야 할 것은 이것이다. 환자를 치료하기 위하여 고민하고 번민하던 수많은 의사도 죽었고, 죽음을 무기 삼아 타인의 삶을 갑론을박하던 수많은 점성가도 죽었고, 죽음과 불멸을 규명한다고 머리를 짜내던 수많은 철학자도 죽었고, 다른 이들의 무수한 목숨을 빼앗은 수많은 전사도 죽었고, 백성의 생사여탈을 무자비하게 쥐고 흔들던 수많은 폭군도 죽었고, 폼페이^{Pompeii}와 헬리케^{Helice}와 헤르쿨라

네움^{Herculaneum}과 같은 수많은 도시도 멸망해 버렸다. 너의 주변 사람들도 마찬가지이다. 너의 친구는 다른 친구의 장례를 치러 주었지만, 얼마 뒤 사망하여 또 다른 친구에게 매장되었다. 이 모든 일은 눈 깜짝할 사이에 벌어졌다. 그러니 너는 언제나 인간의 삶을 덧없고 하찮다고 생각해야 한다. 어제는 한 줌 진흙이었고 내일은 미라나 재가 될 뿐이니, 이 덧없는 순간을 오직 자연의 섭리에 따라 살아라. 잘 익은 올리브가 자신을 맺은 나무에 감사하고 자신을 낳은 땅을 축복하듯, 너 역시 평온한 삶을 살다가 미련 없이 떠나라.

신의 일들은 섭리로 가득 차 있다. 우연히 벌어지는 듯한 일들도 섭리가 주관하는 사물의 작용에서 떨어져 있지 않다. 섭리는 필연적인 작용이며 우주의 안녕을 추구하는 세상의 근원이다. 그리고 너도 그 전체의 일부이다. 자연에 조금이라도 이로운 것은 전체의 섭리로 운행되다가 결국은 다시 전체가 이롭도록 작용한다. 그 섭리는 단지 물질의 변화뿐

아니라 그 변화가 만들어 낸 또 다른 현상을 모두 포함한다. 그러므로 자연의 섭리에 만족하고 그것을 네 삶의 지침으로 삼아야 한다. 책 속에서 허우적대다가 현실을 불평하며 죽어서는 안 된다. 너는 신에게 감사해야 하고, 그렇게 얻은 진정한 평온 가운데서 죽어야 한다.

3장

기쁨도 분노도 너의 마음에서 왔다

고통은 먼저 달려들지 않는다

마음의 평안을 깨뜨리는 것은 다른 사람의 행동이 아니다. 타인의 행동은 그 사람이 주도하는 그의 일일 뿐이다. 너를 괴롭히는 것은 그 행동에 대한 너 자신의 판단이다. 그러므로 그의 행동이 너에게 해가 된다는 판단 자체를 하지 마라. 그러한 생각을 내려놓기만 한다면 분노는 이내 가라앉을 것이다.

마음의 평화를 어지럽히는 것은 무언가를 추구하거나 회피
하려는 욕망이지만, 그러한 것들은 스스로 너에게 달려들
지 않는다. 사실은 네가 스스로 그 욕망에 뛰어들 뿐이다.

———

나를 들어 어디로든 던져 보라. 그곳이 어디든 나는 나의 정
신이 주도하는 평온만을 누릴 것이다. 무엇이든 본성에 부
합하기만 한다면, 상황과 여건에 만족하며 그곳에 머물 것
이다. 네가 마주한 상황 가운데 너의 영혼을 불안과 혼란으
로 물들이고, 우울과 욕망을 퍼뜨리고, 증오와 공포를 폭발
시키는 불가피한 강압이라도 있는가? 설사 그러한 상황에
처했다고 하더라도 그것이 너의 정신에 영향을 미칠 수 있
다고 생각하는가?

너를 얽어매는 상황들이 마음의 평화를 앗아 간다고 해도 본래의 마음을 회복하고자 노력해라. 그리고 어지럽혀진 마음을 필요 이상으로 방치하지 마라. 혼란으로부터 조화를 되찾는 일이 반복될수록 자신이 놓인 상황으로부터 자아를 되찾는 일은 더욱 익숙해질 것이다.

───────

너를 주관하는 정신은 너 자신을 어지럽히지 않는다. 놀라게 하지도 않고, 괴롭히지도 않고, 욕망에 굴복하도록 두지도 않는다. 만일 누군가 너를 놀라게 하고 괴롭히려 한다고 해도 그 사람의 일일 뿐이다. 너의 정신은 결코 너에게 해악을 끼치지 않는다.

원숭이처럼 의미 없이 투덜대며 삶을 한탄하지 마라. 왜 스스로 마음의 평안을 허무는가? 돌파구가 보이지 않는가? 무엇이 너를 불안하게 하는지 생각해라. 그 불안의 원인은 무엇인가? 원인을 있는 그대로 보면 된다. 그 원인의 실체는 무엇인가? 현상을 있는 그대로 바라보면 된다. 원인과 현상을 제외하면 다른 것은 아무것도 없다. 지금 이 순간 신의 이름으로, 더 정결하고 더 나은 사람이 되어라. 그러한 사람이 될 수만 있다면 3년이 걸리든 100년이 걸리든 아무것도 문제 되지 않는다.

왜 타인의 병에 화를 내는가

얼마나 많은 이가 타인을 증오하고 의심하고 혐오하고 그
들과 갈등하며 일생을 보냈는지 생각해 보라. 결국 그들 모
두 장례식장에 누웠다가 태워져 재가 되었으며, 마침내 흔
적도 없이 사라졌으니, 너 또한 마음에 엉겨 있는 모든 미움
을 거두어라.

우리가 고통받는 이유는 세상의 일들이 우리를 불안과 근심으로 내몰기 때문이 아니다. 세상의 일들에 우리가 불안과 근심으로 내몰리기 때문이다.

———

체취나 입냄새를 풍기는 누군가에게 화를 내고 있는가? 그러한 분노가 무슨 소용이 있는가? 그의 입에 어떤 문제가 있고, 그의 겨드랑이에 어떤 문제가 있으니 냄새가 나는 것이다. 너는 이렇게 반발할 수 있다. '그도 이성을 가진 사람이니 자신을 돌아볼 소양을 갖추었다면 타인을 그토록 불쾌하게 하지는 않을 거야.' 옳은 말이다. 하지만 너 또한 이성을 가진 사람이 아닌가? 이성으로 이성을 일깨우면 그뿐이다. 그에게 사실을 이야기하고 해결책을 제안하라. 너의 말을 이해한다면 그도 자신의 문제를 고민할 것이다. 네가 분노할 필요는 전혀 없다.

분노가 차오르고 조급한 마음이 들 때마다 이렇게 생각해라. 나라는 존재는 머지않아 이 덧없는 삶을 마무리하고 땅속에 묻혀 안식하게 될 것이라고.

———

사람은 누구나 자신에게 유익하고 편리한 것을 추구한다. 그러한 사람을 비난하는 일은 얼마나 이상한가! 네가 만일 타인의 결점을 불평한다면 그것은 그 사람을 비난하는 행위가 된다. 그는 자신에게 유익하고 편리한 것에 이끌렸을 뿐이다. "하지만 그는 옳지 않아!"라고 말하고 싶은가? 그렇다면 분노를 가라앉히고 그에게 사실을 설명해 주어라.

———

이웃에게 화내는 일은 물론, 타인에게 아첨하는 일도 피해야 한다. 분노와 아첨은 공동선에 이바지하기는커녕 사회

에 해악을 끼칠 뿐이다. 화가 치밀어 오를 때마다 생각해야
한다. 분노는 결코 사람의 미덕이 아니라는 사실을. 온화하
고 너그러운 마음이야말로 가장 남자답고 인간적인 품성이
라는 사실을.

———

분노는 무용한 감정이다. 너의 분노가 폭발한다고 해도 그
들은 자신의 일을 멈추지 않을 것이다.

———

하찮은 물건에 감정을 느끼고 분노하는 것은 우스꽝스럽
다. 사물은 화를 돋울 능력조차 없기 때문이다.

———

타인의 결점이 거슬린다면 즉시 마음을 가라앉히고 자신에
게도 비슷한 결점이 있는지 살펴라. 이를테면, 너도 돈과 쾌
락과 명예를 좋게 여기고 있지 않은가? 시선을 자신에게로

돌린다면 헛된 분노도 금세 가라앉힐 수 있다. 상대 또한 그러한 행위가 불가피했을지도 모른다. 그렇다면 우리는 어떻게 해야 하는가? 할 수 있다면, 그 사람이 그 불가피한 행위에 이끌리지 않도록 도와라.

———————

불멸의 신들은 세상의 온갖 어리석은 존재를 포용해야 하는 운명이다. 하지만 이를 불평하기보다는 오히려 풍성한 너그러움으로 그들을 품는다. 그렇다면 찰나의 생을 사는 너는 심지어 그 어리석은 피조물 가운데 하나이기도 하니, 이제 마음에 품은 허다한 원망을 버려야 하지 않겠는가?

———————

황달에 걸리면 꿀이 쓰게 느껴지고, 광견병에 걸리면 물을 두려워하게 되며, 어린아이에게는 공이 신기한 물건일 뿐이다. 잘못된 생각도 황달과 광견병 못지않게 사람의 행동을 왜곡한다. 그렇다면 너는 왜 타인의 증상에 화를 내는가?

용서에 대하여

너도 그와 다르지 않다

누가 너를 부당하게 대우할 때 가장 먼저 자문해야 할 것은, 그가 어떤 선악의 개념으로 그러한 행동을 하는가이다. 이를 이해한다면 그를 오히려 연민할 수 있고, 네가 받은 충격과 분노도 누그러뜨릴 수 있다. 그가 가진 선악의 개념이 결국 너의 것과 크게 다르지 않다는 사실을 알게 될 것이기 때문이다. 그래서 마침내 그를 용서할 수밖에 없게 되기 때문이다. 그러므로 네가 사람들이 가진 선악의 개념을 모두 포

용할 수 있다면, 그가 사물을 바르게 보지 못한다고 해도 너

그럽게 용서하게 된다.

삶은 매 순간의 행동으로 만들어진다

선과 악 사이에 놓인 온갖 것 가운데에서 단순함과 소박함과 무심함을 추구해라. 인류를 사랑하고, 신의 인도하심을 따르라.

"만족을 원한다면 적게 행하라." 에픽테토스가 말했다. 본래 사회적 존재인 우리는 이성의 요구를 필요에 따라 적절히 행하는 것도 좋지 않겠는가? 그렇게 한다면 올바른 일을 행하는 데에서 오는 만족뿐 아니라, 적게 행하는 데에서 오는 만족 또한 얻을 수 있을 것이다. 결국 우리의 말과 행동은 대부분 불필요하며, 그것들을 덜어 낼수록 더 큰 자유와 평안을 얻게 된다. 그러므로 너는 언제나 이렇게 자문하고 성찰해야 한다. '이것이 정말 필요한 일인가?' 이 질문은 불필요한 행위뿐 아니라 불필요한 생각까지 덜어 내야 한다는 뜻이다. 그래야지만 생각이 초래하는 모든 행위까지 다스릴 수 있게 된다.

너의 삶은 매 순간의 행동으로 만들어진다. 모든 행동이 가장 좋은 것으로 이루어진다면 너는 삶에 만족할 수 있을 것이다. 그렇게 한다면 너의 삶이 좋은 삶이 되지 못하도록 막을 수 있는 것은 없다. "외부의 일들이 삶을 방해할 수도 있다"라고 말하고 싶은가? 하지만 적어도 네가 의와 절제와 올바른 판단으로 살아가지 못하게 막을 수는 없다. "하지만

다른 요소들이 나의 삶을 좋지 않은 방향으로 밀어낼 수도 있다"라고 말하고 싶은가? 당연한 일이다. 하지만 그 결과마저도 기꺼이 받아들이고 주어진 상황에서 최선의 방안을 모색하며 나아간다면, 너의 좋은 행동은 다른 좋은 행동으로 이어질 것이고, 그것이 너의 삶을 만들어 가는 모든 과정이 될 것이다.

―――――――

기쁨과 위안을 찾는 일은 한 번에 하나씩이면 충분하다. 신의 섭리를 생각해 본다면, 세상에 유익한 일을 한 가지 행하고, 그 일을 마치면 다시 세상에 유익한 일을 한 가지 행하는 것도 좋으리라.

모든 것이 그 자체로 완전하다

어떤 것이 훌륭하다면 스스로 지닌 요소가 훌륭하다는 뜻이며, 그 자체로 이미 완전하다는 뜻이다. 따라서 그것을 칭찬한다고 하여 본래의 훌륭함이 더해지지 않고, 비난한다고 하여 본래의 아름다움이 덜해지지 않는다. 나는 이것이 아름답다고 여겨지는 예술 작품은 물론, 모든 물질 대상에도 똑같이 적용된다고 생각한다. 진정으로 훌륭한 것이 자신 외에 다른 무언가를 필요로 하겠는가? 법, 진리, 관용,

겸손 같은 덕목들은 결코 그러하지 않다는 사실을 우리는 알고 있다. 이러한 덕목들의 가치가 칭찬받는다고 하여 더욱 증진되고, 비난받는다고 하여 퇴색되는가? 에메랄드가 칭찬받지 않는다고 해서 그 빛을 잃는가? 금과 상아, 자주색 옷감, 리라, 칼, 꽃, 덤불은 어떠한가?

———————

그러므로 우주의 이치를 깊이 이해한 사려 깊은 사람은 세상 모든 풍경이 즐겁고, 세상 모든 사물이 경이롭다. 그러한 사람은 맹수의 커다란 아가리를 보아도 화가나 조각가가 묘사한 작품을 감상하듯 그것을 즐긴다. 노인의 모습에서도 일종의 완결된 아름다움을 보고, 노예들의 육체에서도 순결한 아름다움을 발견한다. 많은 이가 평범한 일상에서 아름다움을 찾지 못하는 이유는 자연과 자연의 작용을 진정으로 이해하지 못하기 때문이다.

슬픔에 대하여

너무 슬퍼할 필요 없다

주인을 회피하는 사람은 달아난 노예일 뿐이다. 섭리는 우리의 주인이므로, 섭리를 어기는 자도 달아난 노예일 뿐이다. 우리의 과거와 현재와 미래는 우리에게 마땅한 몫을 부여하는 우주를 다스리는 원리로 운행된다. 그러므로 슬픔과 분노와 공포는 노예의 덕목이며, 자신의 삶을 슬픔과 분노와 공포로 허비하는 사람은 노예일 뿐이다.

섭리를 진심으로 이해하는 사람은 작고 사소한 일에도 깨달음을 얻고 슬픔과 두려움을 떨쳐 낸다. 이를테면 그는 이렇게 생각한다. '바람이 땅에 떨어진 잎들을 흩어 놓는구나. 우리 인생도 이와 다르지 않을 터.' 너의 자식들도 그저 바람에 흩날리는 잎사귀들일 뿐이다.

비극은 본래 세상에서 벌어지는 일들을 되새기기 위하여 만들어졌다. 연극을 통해서 우리는 극에서 벌어진 사건이 자연스러운 것임을 알게 된다. 그래서 무대에서 목격한 놀라운 사건이 인생이라는 더 큰 무대에서 벌어진다고 해도 너무 슬퍼할 필요가 없다는 사실을 깨닫게 된다.

고통과 역경에 대하여

나는 고통에 당당히 항거하고 있다

고통은 부정적인 경험이다. 만일 그 고통이 물리적인 경험이라면 몸은 항거할 권리가 있다. 하지만 정신적인 경험이라면 마음이 그 고통을 거부하고 스스로 평안과 안식을 지킬 수 있다. 모든 판단과 충동과 욕망과 혐오는 내면의 것이며, 그 어떤 나쁜 것도 내면으로 침입할 수는 없다.

네가 고통에 허덕일 때는 이렇게 생각해도 좋다. 고통은 부끄러운 것이 아니며, 삶을 주관하는 너의 정신을 해하지 못한다. 고통은 이성의 본래적인 능력에도, 공동선을 생각하는 마음에도 아무런 영향을 주지 못한다. 고통에 대하여 이야기한 에피쿠로스의 말을 상기할 필요가 있다. "고통은 견딜 수 없는 것이 아니고, 영원히 지속되는 것도 아니다." 네가 고통에 한계가 있음을 알고 그 고통에 절망하지 않는다면, 그의 말을 이해할 수 있을 것이다. 또한 우리가 알아채지 못할 뿐, 피로와 더위가 가져오는 탈진과 식욕 감퇴 같은 불쾌한 느낌도 일종의 고통이라는 사실을 기억해야 한다. 그러므로 이러한 증상으로 괴로울 때는 스스로에게 이렇게 말해라. 나는 지금 고통에 당당히 항거하고 있노라고.

─────────

해를 입었다는 믿음을 지우면 해를 입었다는 생각도 사라

진다. 해를 입었다는 생각이 사라지면 해를 입은 일 자체도
사라진다.

———

너를 해하는 대상에게서 생각을 거두면 너는 해가 닿지 않
는 자리에 서게 된다. 이 경우 너의 본질은 무엇인가? 이성
이다. "하지만 내가 온전히 이성인 것은 아니다"라고 말하
고 싶은가? 그 말도 옳다. 이성은 스스로 아프게 하지 않을
것이니, 너의 안에 고통을 느끼는 부분이 있다면 그에 대해
서는 그렇게 생각해도 괜찮다.

———

외부의 어떤 것이 너를 괴롭게 한다면, 너를 괴롭히는 것은
그것이 아니라 그것에 호응하는 너의 판단이다. 그리고 그
판단은 언제든 너의 힘으로 떨쳐 낼 수 있다. 만일 판단이 자
기 안에서 생겨난다면, 그 판단을 긍정적인 경험으로 바꾸
는 일을 누가 막을 수 있을까? 마찬가지로, 네가 옳다고 여

기는 일을 하지 못하여 괴롭다면, 괴로움에 머물기보다는 차라리 그 일을 하면 된다. "하지만 저 장벽이 너무 높다"라고 말하고 싶은가? 그렇다면 최소한 괴로워할 필요는 없다. 네가 행하지 못하는 것이 너의 책임은 아니기 때문이다.

타인에게 영혼을 바치지 마라

다른 사람의 영혼을 살피지 못해서 불행해진 사람은 많지 않다. 하지만 자기 자신의 영혼을 살피지 못하는 사람은 반드시 불행해진다.

어느 시인의 말처럼, 다른 사람의 마음을 알기 위하여 온갖 곳을 돌아다니며 땅을 파헤치는 이처럼 불쌍한 이는 없다.

그러한 사람은 자신이 해야 할 일이란 내면을 살피고 그것을 돌보는 일이라는 사실을 알지 못한다. 내면을 돌본다는 것은 요동치는 감정과, 목적 없는 행동과, 신이나 인간에 대한 불만으로부터 스스로의 내면을 지켜 내는 일이다. 신들의 선함을 믿는 것은 인간의 행위를 존중한다는 뜻이고, 인간 사이의 유대는 타인의 존재를 기꺼이 받아들인다는 뜻이다. 그러나 어리석은 인간은 때때로 흑백을 구분하지 못하고 선악을 분간하지도 못한다.

자족에 대하여

지혜로운 사람은 자신의 행위로 기뻐한다

나의 영혼이여, 스스로를 존귀하게 여겨서는 안 된다. 그렇다. 진심으로 자신을 하찮게 여겨라! 너 자신을 소중히 품고 있을 시간은 오래전에 지났다. 인생은 지극히 짧고, 너의 인생은 소진되었다. 그런데도 너의 행복을 다른 이들에게 의탁하며 스스로를 욕되게 하고 있는가.

모든 사람이 너를 향하여 아우성치고, 맹수들이 너의 흙덩이 육신을 가리가리 찢는다고 해도, 세상 그 무엇에도 흔들리지 말고 온전히 기쁜 마음으로 삶을 살아가라. 그럴 수만 있다면 그 무엇도 네 마음의 평정을 깨뜨릴 수 없고, 세상을 헤아리는 지력을 망가뜨릴 수 없고, 주어진 고난을 슬기롭게 헤쳐 나가는 능력을 훼손할 수 없다.

다른 사람이 무슨 말을 했는지, 무슨 행동을 했는지, 무슨 의도로 그렇게 판단했는지 신경 쓰지 마라. 오직 무엇을 할지, 그리고 그것을 어떻게 바르고 정의롭게 이룰지 생각하는 사람이 있다면, 그는 얼마나 큰 자유를 누리게 될 것인가? 다른 이들의 실망과 비판에 흔들리지 말고, 흐트러짐 없이 너의 길을 곧게 걸어가라.

남들이 베푸는 도움과 남들이 선사하는 평화에 의존하지
마라. 너 자신의 내면으로 기뻐해라. 너는 스스로 일어서야
할 뿐, 남들에게 일으켜 세워져서는 안 된다.

명예를 좇는 사람은 남들을 통하여 만족하고, 쾌락을 좇는
사람은 감각을 통하여 만족한다. 하지만 지혜로운 사람은
자신의 행위를 통하여 만족한다.

인간의 삶에서 정직, 정의, 용기, 절제보다 더 좋은 것이 있
는가? 이성이 인도하는 삶에 만족하는 것보다 더 좋은 삶이
있는가? 네가 선택하지 않았더라도 운명이 선사한 일을 겸
허히 받아들이는 것보다 더 나은 삶의 태도가 있는가? 정
말로 있다면 그것을 마음껏 추구하고, 네가 찾아낸 그 지고

한 선을 마음껏 누려라. 하지만 너의 안에 있는 영혼의 통치자보다 나은 것을 찾지 못했는가? 그 내면의 통치자가 충동을 다스리고, 생각을 살피고, 소크라테스의 조언처럼 감각에 휘둘리지 않도록 하고, 자신의 섭리에 의탁하도록 하고, 공공을 위한 선한 마음을 품도록 돕는가? 그래서 그 무엇도 내면의 통치자를 대체할 수 없다고 느끼는가? 그렇다면 다른 무엇도 마음에 두지 마라.

삶의 방향과 목적에 대하여

그냥 네가 좋은 사람이 되어라

무슨 일을 하든 안토니누스를 본보기로 삼자. 이성을 실천
하는 그의 굳건한 태도와 올곧은 마음과 경건한 일상과 온
화하고 너그러운 행실을 보라. 헛된 자만심 대신 상대의 핵
심에 이르고자 하는 결의는 또한 어떠한가. 그는 충분히 숙
고하여 완전히 이해하기 전까지는 어떤 일도 행하지 않았
고, 부당한 비판을 받아도 함부로 반박하지 않았으며, 어떤
일도 결코 서두르지 않았고, 악의적인 소문에는 귀를 기울

이지 않았다. 사람의 인격과 그들의 공과功過를 정확히 판단
했지만, 누구도 함부로 폄하하지 않았고 타인에 대한 불신
과 궤변의 언어를 말하지 않았다. 숙소와 침구는 물론 의복
과 음식과 시종에 대해서도 쉽게 만족했다. 그는 근면했으
며 인내하는 사람이었다. 소박하게 식사하여 일정한 시간
외에 화장실을 드나드는 일도 없었고, 덕분에 저녁까지 한
자리에 머물 수 있었다. 그는 언제나 신뢰할 수 있는 한결같
은 벗이었다. 자신의 일을 비판해도 관대하게 받아들였고,
누군가 더 나은 방법을 알려 준다면 진심으로 기뻐했다. 또
한 미신에 빠지지 않으면서도 경건한 마음을 지키고자 했
다. 그가 가진 모든 덕성을 헤아려 보건대, 네가 그의 삶을
본받아 살아간다면 너의 내면은 죽음의 순간에도 그의 것
만큼이나 청명할 것이다.

───────

좋은 사람이 누구인지 묻는 무용한 논쟁은 그만두어라. 그
냥 네가 좋은 사람이 되어라!

만일 네가 언젠가 스스로를 선하고 도덕적이고 정직하고 양심적이고 온화하고 품위 있는 사람이라고 부를 수 있게 된다면, 그러한 덕목들을 결코 잃어버리지 말고 다른 것으로 대체하지도 마라. 혹시라도 잃어버린다면 재빨리 회복하도록 노력해라. 남들이 너에게 그러한 수식어를 붙여 주기를 갈망하지 않으면서도 그 가치에 부합하는 삶을 살아라. 그렇게 한다면 변화된 사람이 될 것이고 변화된 삶을 살아가게 될 것이다. 지금껏 쌓아 온 업적에 만족하거나 현실의 열매에 탐닉해 있지 말아라. 그것은 삶에 집착하는 사람의 어리석은 모습일 뿐이다. 때로 네가 자아를 잃은 채 현실의 물결에 떠밀리고 있다고 느끼는가? 절망하지 말고 한쪽 구석으로 잠시 몸을 피신시킨 뒤 자신의 모습을 회복하기 위하여 노력해라.

원칙에서 멀어지지 마라. 행동할 때는 언제나 옳은 일을 행하고, 생각할 때는 언제나 명료한 것을 떠올려라.

언제 어떤 일을 행하든 겸허하고 진심 어린 마음을 가져라. 사람에 대한 애정과 너그러움과 의로운 마음을 품어라. 그리고 수시로 밀려들어 너를 현혹하는 피상적인 현상들에 초연해져라. 이는 오직 네가 모든 것을 삶의 마지막인 듯 대할 때, 이성의 원칙을 무너뜨리는 감정과 정념의 혼돈에서 벗어날 때, 그리고 위선과 자기애는 물론이고 주어진 환경에 대한 불만조차 넉넉히 누그러뜨릴 수 있을 때만 가능할 것이다. 보라! 자신에게 만족하는 삶과 신을 경외하는 삶을 살기 위하여 우리가 터득해야 할 것은 이것뿐이니, 이 몇 가지 원칙을 지키는 이에게는 신조차도 그 이상을 요구하지 않을 것이다.

이를 실천할 수 있다면 너는 이미 선한 삶을 살고 있는 것이다. 올바른 이성을 함양하여 매 순간 근면하고 의연하면서도 온화한 마음으로 살아가고, 내면의 이성을 흔들림 없이 지켜 내지만 그토록 소중한 가치마저도 언제든 비울 용기를 가지고, 무엇을 기대했다가 실망하기보다는 지금의 모습이 자연의 섭리라는 사실을 이해하고, 말하고 표현하는 모든 행위로 로마인의 고귀함을 드러내는 일이 그것이다. 네가 이러한 삶을 살고자 한다면 그 무엇도 이를 막을 수 없다!

세상에는 그런 사람도
있는 법이다

탓할 필요가 없다

남을 비판하는 일은 아무 의미 없다. 상대를 설득할 수 있다면 그렇게 하면 되고, 설득할 수 없다면 일 자체를 바꾸면 되기 때문이다. 어떤 일이 이루어지지 않는다고 해서 상대에게 책임을 묻는다면 무슨 효용이 있겠는가? 효용 없는 일을 하는 것이야말로 아무런 의미가 없는 일이다.

———————

신은 의도적으로 잘못을 저지르지 않으니 비난받을 이유가 없다. 인간 또한 의도적으로 잘못을 저지르지 않으니 비난받을 필요가 없다. 결국 누구도 비난받아서는 안 된다.

———————

타인의 몰지각한 행위가 너를 불쾌하게 한다면 즉시 자신에게 반문하라. '세상에 몰지각한 사람이 전혀 없을 수 있을까?' 그럴 수는 없으니, 불가능한 것을 꿈꾸지 마라. 그 사람은 세상에 반드시 있을 수밖에 없는 몰지각한 사람 가운데 한 사람일 뿐이다. 악하고 부도덕한 사람을 대할 때도, 악행을 저지르는 사람을 마주할 때도 이렇게 생각해라. 세상에는 그러한 사람도 있다는 사실을 인정하는 순간, 네 앞의 모든 사람에게 더욱 너그러워질 수 있을 것이다.

생각해 보라. 네가 그 사람 때문에 해를 입었는가? 너의 마음을 불편하게 하는 그 누구도 너의 정신을 타락시킬 수는 없지 않은가? 네가 진정으로 해를 당한다면 오로지 정신이 타락하는 일뿐이지 않은가? 배움 없는 사람이 배움 없는 행위를 한 것이 그토록 이상하고 놀라운가? 정말로 고민해야 할 것은, 그 사람이 그러한 잘못을 저지르리라 미리 예견하지 못한 너 자신의 통찰력이다. 그러므로 악하고 게으른 누군가를 탓하고자 한다면, 먼저 돌아서서 너 자신을 살펴라. 모든 잘못은 너에게 있기 때문이다. 첫째, 그러한 성품을 가진 사람이 충성하리라 믿은 것은 너의 잘못이고, 둘째, 은혜를 베푼 자신의 행위 자체를 충분한 보답이라 여기지 않고 그에 상응하는 대가를 거두리라 기대한 것 또한 너의 잘못이다.

너의 의지가 닿지 않는다고 선하거나 악하다고 여긴다면, 언젠가 그 악한 것을 마주하거나 그 선한 것을 얻지 못할 때 너는 신들을 탓할 것이다. 그 일에 책임이 있는 사람을 원망할 것이고, 그러한 일을 행할 수 있는 사람을 혐오하게 될 것이다. 우리가 저지르는 많은 잘못은 실제로 의미 없는 결과에 의미를 부여한 결과이다. 그러므로 너는 오직 의지가 만들어 낸 결과만을 선과 악으로 규정해야 하며, 그렇게 한다면 신들을 탓할 이유도 없고, 타인을 적대시할 이유도 사라진다.

타인의 생각을 가늠하지 마라

하루를 시작할 때 이렇게 다짐해라. 나는 오늘 오만한 사람과 불충한 사람과 비열한 사람과 배신하는 사람과 사악한 사람과 이기적인 사람을 만나게 될 것이다. 그들이 그러한 사람이 된 이유는 선과 악에 무지했기 때문이다. 그러나 나는 선악의 많은 일을 목격했고, 선은 도덕적으로 옳지만 악은 도덕적으로 그르다는 사실을 알고 있다. 또한 잘못을 행하는 자의 본성을 이해하고 있으며, 그의 본성이 나의 본성과 다르지 않음도 알고 있다. 이는 우리가 같은 피와 씨를 나누지는 않았지만, 같은 이성과 신성을 얼마간 공유하고 있기 때문이다. 그러므로 세상 누구도 나를 악의 구덩이로 밀어 넣을 수는 없는데, 그 누구도 나의 영혼을 부도덕으로 물들일 수 없기 때문이다. 마찬가지로 나는 나와 본성을 공유한 그 누구에게도 분노와 증오를 표출할 수 없는데, 수족과 눈꺼풀과 위아래 치아가 그러하듯 우리는 함께 살아가도록 태어났기 때문이다. 그러므로 우리가 서로를 배척하는 것은 결코 자연스럽지 않으며, 서로에게 분노와 증오를 표하는 것이야말로 '서로를 배척하는' 일이 된다.

———————

너에게 중요한 삶의 태도는 오직 한 가지뿐이다. 타인을 속이고 거짓을 말하는 자들과 평생을 살아간다고 해도 그 가운데서 관용과 정직과 의를 실천하는 태도가 그것이다.

누군가 운동을 하다가 상대를 긁어 상처를 입히고 격렬한 몸짓으로 들이받았는가? 하지만 우리는 그를 비난하지 않고, 그가 상대를 해치려 했다고 오해하지도 않는다. 우리가 상대를 다치게 하지 않으려 조심하는 이유는 상대가 두렵거나 보복이 걱정되어서가 아니다. 그것은 오직 너그러운 마음을 실천하려는 행위일 뿐이다. 그러므로 우리는 삶의 다른 영역에서도 이와 같은 방식으로 행동해야 한다. 사람들이 하는 모든 일을 운동 상대의 불가피한 몸짓이라고 생각해야 한다. 타인을 의심하지 않고 적대시하지 않으면 어떤 곤경이라도 예방할 수 있다.

현명한 이는 타인의 잘못을 그 사람의 잘못으로 남겨 둔다.

가장 훌륭한 복수는 그 사람처럼 되지 않는 것이다.

겉만 번지르르한 행렬과, 연극 무대처럼 벌어지는 세상사와, 소와 양의 무리와, 온갖 잡다한 갈등과, 개들에게 던져진 보잘것없는 뼈와, 어항에 던져진 빵 조각과, 분주히 오가는 개미와, 목적 없이 초조한 쥐들과, 외줄타기에 여념이 없는 꼭두각시들, 이 모든 일의 한가운데서도 너는 성실하고 겸손하고 너그러운 사람이 되어야 한다. 그리고 기억해야한다. 한 사람의 가치란 그가 무엇을 가치 있게 여기는가에달려 있다는 사실을.

상대가 누구든 그의 이야기에 귀 기울이는 습관을 들여라. 할 수 있다면 그의 마음속 깊이 들어가 공감해 보라.

누군가를 만날 때 가장 먼저 품어야 할 의문은 이것이다. '저 사람은 선과 악에 대하여 어떤 입장을 가지고 있을까?' 어떤 사람이 쾌락과 고통과 그러한 일들의 원인에 대하여, 혹은 명예나 남이 알아주지 않는 일에 대하여, 심지어 삶과 죽음에 대하여 일정한 생각을 가지고 있다면, 그가 어떤 방식으로 행동하더라도 놀라거나 당황하지 않을 수 있다. 오히려 그가 그렇게 행동해야 하는 이유를 짐작할 수 있다.

———

너의 남은 인생을 남들의 생각을 가늠하는 일로 헛되이 낭비하지 마라. 국가와 시민의 안녕을 위하는 일이 아니라면 말이다. 남들이 무엇을 하는지, 왜 그러는지, 무슨 말을 하고, 무슨 생각을 품고, 무슨 일들을 모색하는지 고민하는 따위의 일에 마음을 쏟지 마라. 그러한 일들은 네가 마음의 중심을 바라보는 일을 가로막을 뿐이다.

더 나은 사람이 되고자 한다면 친구와 지인 들의 훌륭한 덕성을 떠올려 보라. 어떤 이는 일이 빠르고, 어떤 이는 지극히 도덕적이며, 어떤 이는 관대할 것이다. 그들의 성품에서 덕을 발견하는 것보다 더 기쁜 일은 많지 않다. 특히 그러한 덕성을 여럿 보이는 친구가 있다면 더욱 기쁘리니, 너 또한 그처럼 많은 덕성을 함양할 수 있도록 최선을 다하여 노력해라.

너를 싫어하는 자의 생각에 너의 생각을 맞추지 마라. 그가 하고 있을 생각에 집착하기보다는 세상을 있는 그대로 보라.

자연의 섭리에 합당한 말이나 행동이라면, 네가 그것을 행할 자격이 있다고 생각해라. 그리고 그에 따르는 어떤 논쟁이나 비난에도 뜻을 꺾지 마라. 그것이 옳은 일이라면 네가 가는 길을 철회할 필요는 없다. 사람에게는 누구나 자신을 추동하는 생각과 욕망의 중심이 있다. 너 또한 타인의 길에 주의를 빼앗기기보다는, 곧장 자신의 길로 나아가면 된다. 너 자신의 본성과 우주의 본성을 따르되, 이 둘은 결국 하나의 길로 합쳐진다는 사실을 기억해라.

칭찬에 대하여

박수도 자기 자신일 때 칠 수 있다

타인을 비난하여 그에게 상처 줄 수 있다고 생각하고, 타인을 칭찬하여 그에게 은혜를 입힐 수 있다고 생각한다면, 그야말로 지나치게 오만한 생각이 아닌가?

자신이 어디에 있고 누구인지도 모르는 이들의 박수와 환호를 듣고 기뻐하는 사람은 어떤 사람일까?

한 시간에 세 번씩 자신을 책망하는 누군가로부터 칭찬을
받고 싶은가? 자기 자신도 좋아하지 않는 어떤 사람에게 존
경받고 싶은가? 자신이 하는 일 대부분을 후회하는 사람이
있다면 그는 그 자신일 수 있을까?

관용에 대하여

부당한 대우에도 친절을 고수하라

누군가 나를 멸시한다면 그것은 그의 문제이다. 나에게 중요한 것은 내가 멸시당할 언행을 하지 않았다는 사실이다. 누군가 나를 미워한다면 이 또한 그의 문제이다. 나는 언제나 모든 사람에게 관대하고 자유로울 것이다. 나아가 그 사람에게 그가 알지 못하는 것을 깨우쳐 줄 수도 있다. 하지만 그럴 때도 나의 덕성을 드러내는 노골적인 방식이 아니라 신중하고 너그럽게, 진심을 다하여 그렇게 할 것이다.

———————

올바른 이성을 길잡이로 둔다면 앞을 가로막는 사람이 있어도 올바른 행동에서 벗어날 수 없을 것이다. 다른 사람의 부당한 행위 때문에 네가 베푸는 친절을 포기해서는 안 된다. 그러므로 너는 이 두 가지를 마음에 새겨야 한다. 네가 내리는 결정과 실천에 흔들림이 없어야 하며, 너를 방해하거나 괴롭히는 이들도 한결같이 대해야 한다. 그들의 모습에 동요하고 화를 내는 것은 바른 길을 포기하고 물러서는 것과 같은 나약함의 징표이기 때문이다.

———————

좋은 사람의 삶을 실천해 보라. 우주가 너에게 맡긴 몫에 만족해라. 자신의 의로운 행위에 자족하고 너그러운 성품에 흐뭇해하는 사람으로 살아 보라.

지금까지 신과 부모, 형제, 아내, 자녀, 스승, 스승의 제자
들, 친구, 친척, 그리고 노비들에게 어떻게 행동해 왔는가?
'악을 행하지 말고, 악을 말하지 말라'는, 그들에게 요구한
덕목이 자신에게도 예외가 아니었는지 돌아보라.

관대한 마음이 자리한 이유를 알라

할 수만 있다면 그들이 자신의 일을 하도록 두어라. 하지만 그럴 수 없다면 너의 마음에 관대함이 자리한 이유가 그 때문임을 기억하라. 신들도 그러한 자들에게 자비를 베풀어 건강과 부와 명성과 그들 삶의 일부를 충족하신다. 신은 그처럼 관대하시지만, 너 또한 관대한 사람이 될 수 있지 않은가? 생각해 보라. 남을 돕는 너를 말리는 사람은 아무도 없지 않은가?

남들의 생각에 완전히 휩쓸리지 말고 도울 수 있는 만큼, 그리고 상황이 허락하는 대로 도와라. 그들이 잃은 것에 도덕적으로 중요한 가치가 있지 않다고 할지라도 도와라. 남들을 도울 때는 심각한 해를 입은 사람을 돕는다고 생각해서는 안 된다. 섣부른 판단은 해악이 될 뿐이다. 너는 양아들이 빼앗긴 팽이를 되찾아 주기 위하여 길을 나서는 노인처럼 행동해야 한다. 그 물건 자체는 하찮은 장난감일 뿐이지 않은가? 빼앗은 사람에게는 중요한 물건일 수 있다고 말하고 싶은가? 그대여, 상황을 분간하지 못하는 어리석은 사람이 되고 싶은가?

혼자 감당할 수 없다면 도움을 구해라

손이 손의 일을 하고 발이 발의 일을 하는 한, 손이나 발에는 어떤 수고도 부자연스럽지 않다. 마찬가지로, 인간이 인간의 일을 하는 한 인간의 어떤 고된 일도 부자연스럽지 않다. 그리고 그것이 자연스러운 일이라면 무엇이든 인간에게 나쁜 일이 아니다.

———————

나의 마음이 그 일을 감당할 수 있을지 생각해 보라. 감당할 수 있다면, 그 일을 우주의 섭리가 나에게 준 도구로 작동하게 해라. 감당할 수 없다면, 그 일을 더 잘할 수 있는 사람에게 맡겨라. 혹, 다른 사람에게 맡길 수 없는 성질의 것이라면, 지금 이 순간 이 공동체를 위하여 선한 일을 할 수 있는 사람, 혹은 내 안의 지배자와 호흡을 맞추어 일할 수 있는 사람의 도움을 받아서, 내가 할 수 있는 만큼만 행하면 된다. 혼자 하든 누군가의 도움으로 하든, 모든 실천은 오직 사회적으로 유익하고 합당해야 한다.

———————

무슨 일을 하든지 스스로에게 물어보라. '이것은 해도 되는 일일까? 나중에 후회하지는 않을까?'

―――――

타인에게 도움받는 일에 부끄러움이란 어울리지 않는다. 네가 할 일은 주어진 일을 완수하는 것이기 때문이다. 너는 성벽을 향하여 돌격하는 병사처럼 일해야 한다. 다리를 저는 병사는 스스로 성벽을 오를 수 없지만, 누군가의 도움을 받으면 거뜬히 오를 수 있다.

―――――

태양이 비의 일을 대신하는가? 아스클레피오스^{Asclepius}(그리스 신화에 나오는 의술의 신)가 풍요의 여신이 하는 일을 대신하는가? 하늘의 별들은 어떠한가? 모두는 제각기 다르지만, 같은 목적을 향하여 함께 일한다.

너의 선행을 의식하지 마라

너는 누군가에게 선을 베푼 뒤 그 대가를 바라는가? 본성에 따라 행동했음에 만족하지 않고 보상을 바라는가? 그것은 마치 눈이 앞을 본 대가를 바라고, 발이 걸은 대가를 바라는 것과 같다. 눈과 발은 일정한 목적으로 만들어졌고, 그 일을 수행함으로써 존재 이유를 완성한다. 인간 또한 다른 사람에게 선을 베풀도록 만들어졌다. 그러므로 우리가 누군가에게 도움 되는 일을 한다면 각자의 존재 목적을 이행하는

완성된 삶으로 나아갈 수 있다.

───────

어떤 사람은 누군가에게 선을 베푼 뒤 그가 자신에게 금전적으로 얼마나 보상해야 하는지 계산한다. 어떤 사람은 그렇게는 아니더라도 속으로 여전히 상대가 자신에게 빚을 졌다고 생각하며 자신이 한 일을 의식한다. 그런데 다른 부류의 사람은 자신이 한 선행을 의식조차 하지 않는다. 그는 포도를 맺은 뒤 더 할 일을 찾지 않고 그저 자신이 맺은 열매에 만족하는 포도나무와 같다. 혹은 전력을 다하여 질주한 말이나, 사냥을 끝낸 사냥개나, 꿀을 만든 꿀벌과도 같다. 그러므로 선한 사람은 자신의 선행을 널리 알리기보다는, 마치 제철을 맞이한 포도가 열매를 맺듯 다음 기회에 또 다른 선을 행한다. 우리는 바로 이러한 사람이 가진 마음의 자세를 지향해야 한다. 즉, 선을 행하면서도 그것을 의식하지 않는 사람이 되어야 한다.

공감에 대하여

사람이 모여 사는 것은 자연의 섭리다

실수를 저지르는 사람에게 애정을 느끼는 일은 지극히 인간적이다. 그 감정은 이러한 이유 때문일 것이다. 그가 나와 동족이고 우리와 같은 인간이라는 사실, 그들이 원해서가 아니라 무지해서 그랬다는 사실, 우리 모두 머지않아 삶을 하직하는 유한한 존재라는 사실, 그리고 무엇보다도 그가 내 정신의 고귀함을 전보다 나쁘게 망가뜨리지 않았다는 안도감 때문일 것이다.

166

자신의 중요한 본질을 다른 이들과 공유한 존재는 언제나 자신과 성질이 비슷한 것을 찾는다. 흙의 성질을 가진 것은 흙으로 돌아가고, 물의 성질을 가진 것은 다른 물과 합쳐지며, 공기의 성질을 가진 것은 공기 중으로 흩어진다. 이와 마찬가지로, 이성의 본성을 가진 모든 것은 자신과 같은 이성적 존재를 찾는다. 어쩌면 이성적 본성을 지닌 것은 더욱 그러하고자 할 것이다. 다른 것들보다 우월한 이성은 더 우월한 존재들과 섞이려 하기 때문이다.

인간과 차이는 있으나, 이성이 없는 동물들도 태초부터 무리와 떼를 지어 살았고 새끼를 먹이고 번식하며 종족을 유지했다. 그들 안에 나름의 영혼이 있기 때문이다. 그래서 식물과 돌과 나무토막이 할 수 없는 더 높은 차원의 소통을 이루었다. 하지만 이성 있는 존재들은 공동체와 모임과 가정과 소속을 만들어 공감을 이루며, 심지어 전쟁을 치를 때조차도 협상과 휴전을 모색한다. 더 높은 차원의 존재들은 하늘의 별들이 그러하듯 흩어져 있는 가운데서도 일정한 법칙을 구현한다. 따라서 더 높은 차원으로 나아갈수록 개별적으로 존재하는 듯하지만 더 정교한 공감대로 연결되어 있다.

　　그렇다면 이제 인간 세상을 들여다보자. 서로 공감하는 본성을 잊은 채 살아가는 존재는 우주에서 오직 인간뿐인 듯하다. 같은 이성을 공유하고도 어울려 하나가 되려는 모습은 좀처럼 보이지 않기 때문이다. 하지만 아무리 벗어나려 발버둥을 쳐도, 인간은 끝내 주어진 본성을 피할 수 없다. 그것이 섭리가 가진 힘이다. 세상을 주의 깊게 살펴보면 누구나 깨달을 수 있다. 흙과 흙이 따로 떨어져 있을 수는 있어도, 사람과 사람이 완전히 단절되어 살아갈 수는 없다는 것을.

스스로 거부하여 단절되지 마라

잘린 손이나 발을 본 적이 있는가? 몸에서 떨어져 나뒹구는 머리를 본 적이 있는가? 운명을 받아들이지 않는 사람과 공동체에서 벗어나 이기적으로 행동하는 사람은 바로 그러한 꼴이 되고자 애쓰는 것과 같다. 처음부터 너는 공동체의 일원으로 태어났는데, 어느 순간 그 자연스러운 연대를 스스로 거부하고 있다.

이웃한 가지들에서 잘려 나간 가지는 나무의 본체로부터 멀어지게 된다. 마찬가지로 사람들 무리에서 단절된 인간은 인류 전체에게서 멀어지게 된다. 나뭇가지는 누군가 잘라서 떨어져 나가지만, 사람은 스스로 거부하여 이웃과 단절되기도 한다. 타인을 배척하고 미워하며 자신을 공동체에서 끊어 내기 때문이다. 그러면서도 자신이 세상에서 떨어져 나간 사실을 깨닫지 못한다. 하지만 인간 공동체를 만든 제우스는 우리에게 크나큰 혜택을 부여하셨다. 다시 이웃에게 접붙어 공동체의 일원으로 돌아가고자 하는 인간의 본성이 그것이다. 그러나 단절이 잦아질수록, 떨어져 나간 부분이 다시 이어져 활기를 되찾기는 점점 어려워진다.

─────────

이성을 지닌 너는 이성이 없는 짐승이나 사물에 집착하지 말고, 모든 일을 담담히 받아들여야 한다. 이성을 가진 사람을 대할 때는 온화하고 사려 깊어야 한다. 그리고 어떤 일이든 신에게 도움을 구해라. 지금의 삶을 얼마나 오래 지속할 수 있을지 걱정할 필요는 없다. 충만한 삶이라면 단 세 시간을 산다고 해도 충분하다.

———————

너는 인류 공동체라는 거대한 몸의 일부라는 명백한 사실을 기억해야 한다. 즉, 네가 하는 모든 행동은 사회가 더 나은 방향으로 나아가는 데 보탬이 되어야 한다. 그런데 네가 하는 행위가 직접적이든 간접적이든 공동체를 더 나은 방향으로 만드는 데 기여하지 않는다면, 너의 일상에도 균열이 생기고 삶도 점차 허물어질 것이다. 공동체의 구성원들이 조화로운 삶을 거부하고 제각기 하나둘 떨어져 나간다면 이 사회는 무너지고 말기 때문이다.

모든 것이 서로 돕는 관계로 연결되어 있다

의사들이 환자를 치료하기 위하여 의술과 도구를 준비하듯, 너 역시 신과 인간의 본성을 이해하기 위한 원칙들을 준비해 두어야 한다. 즉, 네가 하는 모든 일은 아무리 사소한 것이라도 신과 인간을 아우르는 유대를 의식한 것이어야 한다. 인간적인 차원에서 성공하기 위해서는 동시에 신적인 것을 지향해야 하며, 신적인 차원을 추구하기 위해서는 동시에 인간적인 것을 지향해야 한다.

세상의 모든 것은 서로 뒤얽혀 있다. 만물을 하나로 묶는 연대는 신성하며, 어떤 것이 다른 것과 완전히 무관하다는 말은 완전한 거짓이다. 모든 것은 서로 돕는 관계로 연결되어 있으며, 동일한 우주의 질서에 기여하고 있다. 결국 모든 존재로 이루어진 우주는 하나이며, 모든 것에 스며 있는 신도 하나이다. 또한 모든 이성적 존재에게는 하나의 실재와, 하나의 법과, 하나의 이성과, 하나의 진리가 담겨 있다. 즉 서로 연결되어 같은 이성을 공유하는 존재들이 자신을 완성하는 길은 오직 하나, 진리뿐이다.

5장

어떻게 살아야 올바른가

원인과 결과에 대하여

오로지 너를 위하여 직조된 일이다

우주 안의 모든 것은 서로 연결되어 있다. 수많은 물질이 모여 우주라는 하나의 몸체를 만들듯, 수많은 원인이 모여 하나의 원인을 만든다. 그것이 운명이다.

한 남자가 자궁에 사정을 하고 물러나면, 자궁에 또 다른 원인이 발생하여 새로운 생명체가 탄생한다. 얼마나 놀라운

원인이며 얼마나 놀라운 결과인가? 마찬가지로, 그 아기가 입으로 젖을 삼키면 또 다른 원인이 작용하여 삶에 필요한 욕구와 감정이 생겨나고, 이를 통하여 헤아릴 수 없이 많은 일이 벌어진다. 이처럼 우리가 알지 못하는 수많은 현상을 묵상하고 그 현상을 가능하게 하는 이면의 힘을 생각해 보라. 우리가 사물을 아래로 떨어지게 하고 위로 솟구치게 하는 힘 자체를 볼 수는 없지만, 그렇다고 해서 그 힘들이 작용하지 않는 것은 아니다.

———

장차 벌어질 일들은 언제나 이미 벌어진 일들과 긴밀히 연관되어 있다. 세상의 모든 일이 기계적이고 필연적으로 벌어지는 사건은 아니다. 세상의 모든 일은 이성이 구현되는 원리의 드러남이다. 이미 존재하는 사물들이 서로 조화를 이루며 배열된 것처럼, 장차 벌어질 일들도 단순한 반복이 아닌 경이로운 관계성으로 결합된다.

너에게 일어나는 모든 일을 겸허히 받아들여야 하는 이유는 두 가지 때문이다. 첫째, 그 일은 너에게 일어난 일이고, 너를 위하여 진행되었다. 아득히 오래된 원인들이 너를 위하여 특별히 준비해 만든 사건이기 때문이다. 둘째, 우주를 이끄는 원리는 우리 각자에게 일어나는 모든 일을 그 자신의 발전과 완성으로 인도하신다. 제우스를 두고 맹세하건대 신은 만물이 그 자신을 보존하는 일로 수렴되게 한다. 결국 지체肢體들의 관계와 연결이 손상되어 원인의 사슬이 끊기면 전체는 힘을 잃고 허물어진다. 그런데 네가 운명에 불만을 품는 순간 전체를 구성하는 원인의 사슬은 끊어지고 만다. 어떤 의미에서 그것은 파괴 행위라고 할 수 있다.

세상의 사물과 사건 들이 얼마나 빨리 변하여 사라지는지 항상 생각해라. 현실은 쉼 없이 흐르는 강물과도 같다. 강물

의 모양은 끊임없이 변하고, 그 하나의 모양에도 수많은 원인이 관여한다.

———————

너에게 일어나는 모든 일은 영원 전부터 너를 위하여 준비되고 있었다. 인과의 그물은 너라는 존재와 네가 관여하는 모든 사건을 영원 전부터 오로지 너를 위하여 직조하고 있었다.

고통은 너에게 처방된 경험이다

우주를 주관하는 가장 위대한 힘을 존중해라. 세상 모든 사람과 세상 모든 사물은 그 힘의 도구이자 일부이다. 너의 안에 있는 가장 고귀한 힘을 존중해야 하는 이유도 그 때문이다. 너의 힘은 본질적으로 우주의 힘에서 비롯되었고, 너라는 사람 역시 그 힘의 일부이다. 너의 모든 부분도 그 힘의 도구이며, 네 삶의 모든 요소도 그 힘에 속해 있다.

너 자신에게 고통을 주지 말고 너의 삶을 복잡하게 만들지도 마라. 누군가 너를 함부로 대하는가? 그는 사실 자기 자신을 함부로 대하고 있다. 너에게 예기치 못한 일이 벌어졌는가? 잘된 일이다. 네가 겪는 모든 일은 우주가 처음부터 너를 위하여 정하고 예비한 것이다.

—————

"의술의 신 아스클레피오스가 누군가에게 승마를 권하고 찬물 목욕을 권하고 맨발 산책을 처방했다"라고 말한다면, 그것은 "우주의 섭리가 누군가에게 병을 주었고, 장애를 주었고, 신경 쇠약을 주었고, 그 밖의 어떤 고통을 처방했다"라는 말과 본질적으로 차이가 없다. 앞 문장에서 '처방했다'는 그의 건강에 도움이 되는 어떤 일을 권했다는 뜻이다. 그리고 뒤에 오는 문장에서 '처방했다'는 그의 경험이 그의 운명에 이롭도록 어떤 힘이 작용했다는 뜻이다.

자연은 네가 인내할 수 있도록 만들어졌다

인내와 강함과 용기는 쉽게 화내고 상처받는 사람이 아니라, 침착하고 온화한 사람이 갖추는 덕목이다. 감정을 절제하는 사람이야말로 가장 강인한 사람이다. 분노는 고통에 반응하는 약함의 드러남일 뿐이다. 분노하는 사람과 고통받는 사람은 모두 자신이 입은 상처에 굴복하는 사람이다.

세상의 모든 일은 너의 본성에 따라 네가 견딜 수 있는 일이거나 견딜 수 없는 일이다. 만일 어떤 일을 감당할 수 있다면 불평하지 말고 인내해라. 너의 본성이 네가 인내하도록 이끌 것이다. 만일 어떤 일을 감당할 수 없다면 불평할 필요조차 없다. 그 일은 너를 끝내 무너뜨리고 말 것이기 때문이다. 그러나 기억해라. 자연은 무엇이든 네가 인내할 수 있도록 만들어졌다. 네가 그것을 유익한 일로 여기고 감당할 책무로 여긴다면, 너의 판단에 따라 그것은 충분히 인내하고 감당할 수 있는 일이 된다.

역할에 대하여

벌집에 이롭지 않다면 벌에게도 이롭지 않다

가장 중요한 것은 계획과 목적 없이 행동하지 않는 것이다.

그다음 중요한 것은 오직 공공의 선을 추구하는 것이다.

"왕의 역할은 선을 행하면서도 욕을 먹는 일이다."

너는 두 가지 일에 항상 준비되어 있어야 한다. 첫째, 왕권과 입법을 실행할 때는 그 제도에 담긴 이성을 구현해야 하고, 그 제도는 백성의 이익을 위하여야 할 것. 둘째, 누군가가 너의 잘못을 바로잡고 네가 독단에 빠지지 않도록 권면한다면 기꺼이 받아들일 것. 하지만 견해를 수정할 때는 언제나 그 결과가 의롭거나 국가의 복리福利를 증진하리라는 확신이 들어야 할 것. 그 일을 수행할 때는 오로지 좋은 결과를 도출하고자 하는 목적만을 지향해야 하며, 인기나 쾌락을 결부시키는 어리석음을 범하지 말 것.

플라톤의 이상 국가를 현실에 구현하려 하지 마라. 작은 진전이라도 이루어 냈다면 그것에 만족해야 한다. 그것은 결코 사소한 일이 아니다.

———————

자신도 모르게 권력에 취하여 카이사르^{Caesar}(로마 공화국의 무소불위 권력자였고, 종신 독재관이었으며, 사후에는 로마의 신으로 축성되었다)처럼 세상에 군림하려 하지 마라. 그러한 일은 언제든 일어나기 마련이다. 네가 결연히 실천해야 할 것은 선한 마음으로 소박하게 살고, 겉치레하지 않고, 의에 헌신하고, 경건하고 너그럽고 따뜻한 사람이 되고, 맡은 일을 끝까지 수행하는 것이다. 철학이 구현하는 사람이 되기 위하여 최선을 다해라. 신을 공경하고 사람을 섬겨라. 이 짧은 삶에서 추구해야 할 한 가지 목표가 있다면, 경건한 마음으로 사회를 이롭게 하는 일뿐이다.

———————

벌집에 이롭지 않은 것은 벌에게도 이로울 수 없다.

뱃사람이 조타수를 비난하고 환자가 의사를 탓하고는 하지
만, 그들이 관심을 가져야 할 것은 선원의 안전을 보장하고
자신의 건강을 지켜 내는 일이 아니겠는가?

실패란 의에 이르지 못하는 것이다

'무슨 일이 벌어지든 그것은 옳다.' 사물을 주의 깊게 탐구한다면 이 말이 사실임을 알게 될 것이다. 내가 나의 행위가 옳다고 주장할 때, 이는 나의 일만이 합리적이고 보편적이라는 의미가 아니다. 마치 누군가의 어떤 일이 합당한 섭리 가운데서 이루어지듯, 나의 일 또한 세상을 주관하는 합당한 섭리 안에서 행해진다는 뜻이기도 하다.

나의 힘으로 무엇을 해야 할지 판단할 수 있다면 추측을 덧붙일 필요는 없다. 앞으로 나아갈 길이 보인다면 곧장 그 길로 나아가고, 길이 보이지 않는다면 멈추어서 가장 훌륭한 조언자들과 대화해라. 장애물을 만나거든 너의 여건에 맞게 조심스럽게 헤쳐 가되, 언제나 의로운 길로 나아가라. 의를 실천하는 것보다 나은 것은 없으니, 진정한 실패가 있다면 그것은 의에 이르지 못하는 것이다.

———

밖에서 밀려드는 일에는 흔들림 없는 평정심을, 너의 안에서 차오르는 일에는 의로움을 추구해라.

———

무엇보다 너의 마음을 어지럽히지 마라. 보편적인 섭리에 합치되지 않는 일은 아무것도 일어나지 않을 것이며, 머지

않아 너도 하드리아누스와 아우구스투스^{Augustus}(막강한 권력을 행사하며 공화정을 무력화했지만 로마 제국의 황금기를 마련한 황제)처럼 존재하지 않는 인물이 될 것이다. 또한 눈앞의 일을 주시하되 있는 그대로의 것을 보라. 선한 사람이 되고, 인간다운 삶을 추구하며, 가장 의로운 일을 망설이지 말고 행해라. 다만, 의를 행할 때조차 친절과 관용과 겸손으로 그렇게 해라.

게으름에 대하여

삶과 감각, 무엇을 위하여 세상에 왔는가

아침에 몸을 일으키기 힘들 때마다 이렇게 생각해라. 사회에 유익한 일을 해야 너의 본성에 합당하고 인간다움에도 어울린다고. 잠자는 일은 이성 없는 짐승들도 똑같이 하는 일이라고. 또한 어떤 일이든 육체의 본능을 분별하는 일은 너의 본성을 더욱 북돋는다고. 그렇게 고양된 본성은 제2의 천성이 되며, 그 고양된 천성은 삶을 더욱 윤택하게 할 것이라고.

새벽에 일어나기 싫을 때마다 이렇게 생각해라. 나는 인간으로서 해야 할 일이 있노라고. 태어난 이유와 세상을 사는 목적을 달성하고자 하는 내가 언제까지 불평하고 투정할 수 있을까? 나는 고작 이불 속에 누워 따뜻한 온기에 취해 있기 위하여 태어났을까? "하지만 기분은 좋잖아"라고 말하고 싶은가? 그렇다면 네가 태어난 이유는 쾌락을 누리기 위해서인가? 결국 삶이 아니라 감각을 위해서 세상에 왔는가? 풀잎과 참새와 개미와 거미와 벌 들도 주어진 몫을 다하기 위하여 세상의 질서 아래 분주히 움직이는 모습이 보이는가? 그런데도 너는 인간으로서 해야 할 일을 주저하고 있는가? 너는 왜 본성에 합당한 일을 애써 거부하는가?

"하지만 휴식도 중요해"라고 말하고 싶은가? 그 말에 동의한다. 하지만 자연은 먹고 마시는 일에 한계를 두었듯, 휴식을 취하는 일에도 분명한 한계를 두었다. 그런데 너는 그 한계를 넘어 필요 이상의 게으름을 피우고 있지는 않은

가? 본능을 향유하는 일에만 한계를 두려 하지 않는 것은
네가 자신을 사랑하지 않기 때문이다. 만일 자신을 사랑한
다면, 너의 본성과 인생의 목적 또한 사랑했을 것이다. 자신
이 좋아하는 일에 몰두하는 사람은 먹는 것과 씻는 것을 잊
을 만큼 온 힘을 그곳에 쏟아붓는다. 장인은 자신의 공예품
을 소중히 여기고, 무용수는 자신의 춤을 쉼 없이 연마하고,
구두쇠는 자신의 돈을 필사적으로 지키고, 유명인은 자신
의 명성을 소중히 지키는데, 너는 자신의 본성을 얼마나 소
중히 여기는가? 거리의 사람들도 원하는 것을 얻기 위하여
잠을 줄이고 식사 시간을 아끼며 일하는데, 하물며 제국을
돌보는 너는 주어진 막중한 일들을 수행하면서 평범한 이
들이 들이는 노력조차 다하지 못하겠는가?

나를 당겨 주는 힘이 있다

―――――――――――――――

자연의 상태에서 우리 안의 지배자는 세상 모든 것을 자신의 필요에 따라 활용한다. 그 내면의 지배자는 자신만의 고유한 상태에 집착하기보다는, 세상을 조용히 관조하며 자신이 나아갈 길을 간다. 그리고 마주하는 모든 것을 자신을 위한 양분으로 삼는다. 마치 던져진 물건들을 집어삼키는 모닥불과도 같다. 작고 약한 불은 작은 물건에도 꺼지지만, 거세게 타오르는 불은 자신에게 던져진 모든 것을 태워 버릴 뿐 아니라 그것을 재료로 더욱 거세게 타오른다.

━━━━━━

너의 줄을 당기는 지배자는 너의 안에 있는 어떤 힘이라는 사실을 기억해라. 그 힘이 없으면 어떤 행위도, 어떤 생명도, 어떤 사람도 존재할 수 없다. 그 힘은 그것을 담고 있는 육신과도 다르고 그것이 창조한 여러 사물과도 다르다는 점을 분명히 인식해야 한다. 세상의 모든 것은 끌과 망치처럼 우리가 활용하는 도구일 뿐이다. 그 도구들은 그것들을 움직이고 멈추는 원인이 없다면 아무런 의미가 없다. 원인이 없는 세상은 베 짜는 사람 없는 베틀이고, 글 쓰는 이 없는 펜이며, 마부 없는 채찍일 뿐이다.

이성이 우리를 올바른 길로 인도한다

인간도 열매를 맺고, 신도 열매를 맺고, 우주도 열매를 맺는다. 이들 모두는 각자의 계절에 맞게 각각의 결실을 거둔다. 세속의 언어가 그 작용의 결실을 포도 덩굴 따위로 한정시켰다고 해도 상관없다. 그 작용에는 보편적인 것도 있고 개별적인 것도 있으나, 그 결실은 이성과 동일한 성질의 것으로 이루어져 있다.

―――――

화살은 한 방향으로 곧장 나아가지만, 마음은 여러 다른 방향으로 움직인다. 그래서 마음이 대상을 신중히 살피며 주위를 맴돈다고 해도, 여전히 목표를 향하여 곧게 나아가고 있다.

―――――

너에게 이성이 주어졌는가? 그렇다. 그렇다면 왜 그것을 사용하지 않는가? 이성이 제 역할을 다하고 있다면, 너는 그 밖에 더 무엇을 바라는가?

―――――

이성을 담보한 영혼의 모습은 이러하다. 자신을 바라보고, 자신을 이해하며, 자신이 되고자 하는 어떤 존재로 스스로 나아간다. 식물과 동물은 열매와 가죽을 다른 이에게 바치지만, 인간은 자신의 열매를 스스로 가꾸고 스스로 거둔다.

그리고 삶을 언제 마감하든 매 순간 자신의 목적을 완성한다. 춤이나 연극 같은 공연은 중간에 끊기면 전체가 미완으로 남지만, 이성을 담보한 영혼은 어떤 장면을 연출하든 그 순간 자신의 일을 완결 짓는다.

———————

인간은 지성을 공유하고, 지성은 인간을 이성적 존재로 만든다. 그리고 이성의 원칙은 우리가 무엇을 해야 하고 하지 말아야 할지 알려 준다. 법 또한 마찬가지여서, 모든 인간에게 공통의 준칙을 제공한다. 같은 시민들이 같은 공동체를 형성하고 있으니 이 세상은 일종의 시민 공동체라고 할 수 있다. 인류 전체가 속한 유일한 공동체가 이 세상이기 때문이다. 그리고 우리는 우리가 속한 이 공동체에서 이성과 법을 얻는다. 그렇다면 그것들은 공동체의 어떤 속성에서 비롯되었는가? 흙의 성질을 가진 내 몸의 일부는 흙에서 왔고, 물의 성질을 가진 내 몸의 일부는 물에서 왔고, 공기의 성질을 가진 내 몸의 일부는 공기에서 왔으며, 불의 성질을 가진 내 몸의 일부는 불에서 왔다. 아무것도 없는 데서 생겨난 것은 없고, 아무것도 없는 데로 돌아가는 것도 없으니, 우리가 공유한 지성 또한 세상의 어떤 근원에서 비롯되었다.

———————

물건을 만드는 장인들도 일반인의 눈높이에 자신의 취향을 맞춘다. 하지만 여전히 예술적 이상을 추구하고 자신의 고귀한 원칙을 버리지 않는다. 너는 이들의 모습을 보지 못하는가? 건축가나 의사 들도 자신의 기술과 이성의 원칙을 존중하는데, 우리는 왜 신과 공유하는 자기 안의 이성을 존중하지 않는가? 이것은 신에게도 인간에게도 매우 놀라운 일이 아닌가?

———————

이성은 개별적인 존재와 그들의 삶 속에서 비로소 존재하고 드러난다. 자신의 고유한 출발점에서 시작하여 정해진

목표를 향하여 나아간다. 이성적인 행동을 '올바른 행동'이라고 부르는 이유는 이 때문이다. 이성은 언제나 우리가 올바른 길로 나아가도록 돕는다.

오지 않은 미래를 두려워할 필요는 없다. 두려운 미래를 맞이한다고 해도 네가 지금 가지고 있는 그 이성을 지닌 채 맞이하게 될 것이다.

너의 믿음과 행위가 이성의 길 위에 머물러 있다면, 그래서 올바른 길로 계속해서 나아간다면, 언제나 스스로 만족하는 삶을 살 수 있을 것이다. 신은 물론이고 인간과 같은 이성적 존재들은 다음의 두 가지 특징을 나타낸다. 첫째, 그들은 외부의 방해에 초연할 수 있다. 둘째, 그들은 올바른 생각과 행동을 선으로 여기고 그것을 욕망의 한계로 삼는다.

모든 개별 존재가 할 일은 자신의 본성을 받아들이는 것뿐이다. 낮은 것이 높은 것을 우러르는 것은 우주의 원리이고, 모든 존재는 이성적 존재를 섬기도록 창조되었다. 그리고 이성적 존재들은 서로를 섬기도록 만들어졌다. 그러므로 인간이 가진 가장 중요한 원리는 공동선을 지향하는 마음이며, 그다음으로 중요한 원리는 육체의 정념을 다스리는 마음이다. 이성적이고 지적인 존재는 자족적으로 행동하며, 결코 감각과 충동에 지배당하지 않는다. 요컨대, 감각과 충동은 동물적 본성에 속한다. 지적인 존재는 동물적 본성에 결코 지배당하지 않고 자신의 지위를 내주지도 않는다. 지적인 존재는 본성과 행위를 고유한 목적에 맞게 활용할 뿐이다.

충동과 욕망을 다스려라

너는 너의 영혼을 어떻게 사용하고 있는가? 이것은 언제나 되새겨야 하는 질문이다. 생각해 보자. 지금 이 순간, 무엇이 네 영혼의 지휘소를 가득 채우고 있는가? 지금 이 순간, 너의 영혼은 어떤 모습을 하고 있는가? 어린아이의 모습인가? 청년의 모습인가? 여인의 모습인가? 폭군의 모습인가? 가축의 모습인가? 아니면 야수의 모습인가?

인간은 첫째, 자신의 영혼을 모욕하지 말아야 한다. 그러한 행위는 혹이나 종양을 스스로 키우는 일일 뿐이다. 세상에서 벌어지는 사소한 일들에 분노하는 것은 모든 개별적인 것의 본성을 주관하는 자연의 섭리로부터 자신을 떼어 내는 일이다. 둘째, 다른 사람을 고립시키거나 악의적으로 배제하지 말아야 한다. 그것은 증오로 가득한 영혼이 드러내는 행위일 뿐이다. 셋째, 쾌락이나 고통에 휘둘리고 있다면 자신의 영혼을 모욕하고 있다는 사실을 알아야 한다. 넷째, 거짓을 말하고 허황된 일을 하고 있다면 영혼에 상처를 입히고 있다는 사실을 알아야 한다. 다섯째, 욕구와 행동을 목적도 방향도 없이 내버려두면 영혼이 힘을 잃게 된다는 사실을 알아야 한다. 인간은 사소한 일이라도 분명한 의도와 목적으로 행해야 하며, 그렇지 않으면 영혼은 스스로 나아갈 길을 잃고 만다.

세상의 어떤 것도 영혼을 해할 수 없다. 모든 것은 영혼 밖에 머물 뿐이기 때문이다. 오직 내면의 믿음만이 영혼을 움직일 수 있다.

———

마음을 맑게 하고 충동과 욕망을 다스려라. 그리고 네 마음의 중심이 스스로를 지배하는 힘을 잃지 않도록 해라.

———

햇빛이 벽과 언덕과 수많은 사물에 닿아 있어도 본래 그것은 하나이다. 만물에 스며 있는 본성도 마찬가지이다. 각기 다른 성질을 지닌 수많은 개별 존재도 본래는 하나의 본성에서 비롯되었다. 영혼도 하나이다. 비록 무수한 본성과 개별 존재들에 담겨 있다고 해도 그렇다. 지적인 영혼 또한 하나이다. 비록 무수히 나뉘어 있는 듯 보인다고 해도 그렇다.

진실에 대하여

거짓말은 신성 모독과 같다

올바르지 않은 모든 행위는 신성 모독이다. 우주의 본성은
이성적 존재들이 서로 돕고 합당한 이익을 나누도록 할 뿐,
결코 해악을 실천하도록 명령하지 않기 때문이다. 그러므
로 우주의 뜻을 거스르는 것은 곧 가장 높은 곳에 있는 신과
여신에게 죄를 짓는 일이다. 거짓말도 신에게 죄를 짓는 일
이다. 우주의 본성은 존재하는 것들의 본성이고, 존재하는
것들은 사실 그 자체로 존재하기 때문이다. 우주의 본성은

진리라고 불리지만, 그 진리의 근원은 우주의 본성이다. 그래서 의도적으로 거짓말하는 사람은 타인을 기만하고 해악을 끼친다는 점에서 신성 모독을 저지르는 것이다. 무심코 거짓말하는 사람 또한 우주의 본성을 거스르고 세상의 질서를 훼손한다는 점에서 신에게 죄를 짓고 있다. 결국 진리에 대항하는 사람은 스스로 초래한 싸움에 휘말리는 사람이다. 그는 자연의 섭리로 진리를 분별할 능력을 부여받았지만, 그 능력을 방치한 탓에 이제는 거짓과 진실을 구분할 수 없는 지경에 이르렀다.

———————

영혼의 형상이 우리 안에서 빛나고 있다면, 그리고 우리가 그것을 위축시키지도 않고 너무 확대시키지도 않는다면, 그 영혼은 모든 것의 진리와 자기 안의 진리를 조화롭게 뒤섞으며 타오를 것이다.

누군가 나의 생각이나 행동이 잘못되었다고 증명해 보인다면, 나는 기꺼이 나의 생각을 꺾을 것이다. 내가 추구하는 것은 진리이며, 진리는 결코 타인을 해롭게 하지 않기 때문이다. 해를 입는 사람은 오로지 무지와 자기기만 속에 머무는 사람이다.

잘못에 대하여

누구나 자신의 불의를 무를 수 있다

———————————

이것을 잊지 말아야 한다. 너는 지금도 무수히 많은 잘못을 저지르고 있으며, 결코 다른 이들보다 나은 사람이 아니라는 사실을. 설사 어떤 악행은 저지르지 않는다고 해도, 저지를 가능성이 언제나 존재한다는 사실을. 단지 겁이 많거나 평판을 우려해서 그 같은 행위를 실행하지 않을 뿐이라는 사실을.

누군가 잘못을 저질렀다고 생각된다면 스스로에게 이렇게 물어보라. '그것이 정말 잘못된 일이라고 내가 어떻게 확신할 수 있는가?' 설사 정말로 잘못된 행위라고 해도, 그는 그로써 자기 자신에게 판결을 내렸다. 그러니 너는 그가 자신의 잘못으로 자기 눈을 찔렀다고 생각하면 그뿐이다. 악한 사람이 잘못을 저지르지 않기를 바라는 것은 무화과나무가 즙을 흘리지 않기를 바라거나, 어린아이가 울지 않기를 바라거나, 말이 히힝 소리를 내지 않기를 바라거나, 누군가 자기 본성상 해야 할 일을 하지 않기를 바라는 것과 같다. 그의 성정이 그러하다면 그가 달리 무엇을 할 수 있겠는가? 그러니 정말로 그가 올바른 길로 나아가기를 바란다면, 그의 성정을 더 나은 방향으로 바꾸어 주도록 노력하는 것이 낫다.

———————

불의란 대체로 우주에 아무런 해를 끼치지 못한다. 누군가 불의를 저지른다면 그것은 피해자에게 해를 끼치는 것이 아니라, 오직 불의를 저지른 그 자신에게 해를 끼치는 것이다. 하지만 그는 스스로 불의를 되돌릴 가능성을 가지고 있다. 단지 그렇게 하기로 마음만 먹으면 된다.

———————

잘못은 대체로 어떤 행위를 해서 생겨나지만, 때로는 어떤 행위를 하지 않아서 생겨나기도 한다.

덕에 대하여

늘 맑은 물을 퍼 올리는 샘과 같아라

사람들이 너의 지성을 존경하지 않을 수 있다. 하지만 이를 신경 쓸 필요는 없다. 변명하지 않아도 너는 훌륭한 덕성을 함양할 수 있기 때문이다. 정직하고 품위 있는 모습과, 인내하고 절제하는 습성과, 운명을 받아들이는 태도와, 검소하고 소박한 일상과, 너그럽고 가식 없는 인품과, 신중하고 위엄 있는 언행 등이 너에게 필요한 덕목일 것이다. 즉, 네가 스스로 갖추는 덕목들은 전적으로 너에게 달려 있다. 지

금 이 순간에도 능력이나 경험을 핑계 삼지 않고도 스스로 지닐 수 있는 덕목이 얼마나 많은지 느껴지는가? 그런데 혹시, 최선을 택하기보다는 자신의 의지로 더 못한 길로 나아가고 있지는 않는가? 아니면, 불평하고 탐욕을 부리고 아첨하고 구실을 찾고 변덕을 부리는 것과 비굴하고 오만한 것이 타고난 무능 때문이라고 생각하는가? 결코 그렇지 않다! 너는 이러한 잘못들을 이미 오래전에 버릴 수 있었다. 설령 무언가로 책망을 들은 적 있었다고 해도, 네가 조금 느리고 조금 무심한 사람이었기 때문이었을 것이다. 그리고 그조차 얼마든지 개선할 수 있다. 단, 자신이 부족하다는 사실을 외면하거나 그 부족함에 빠져 있지만 않는다면 말이다.

이성을 가지고 공동체를 이룬 존재에게 선과 악은 내면에 숨기는 가치가 아닌 행동으로 드러내는 결과이다. 마찬가지로 덕과 악덕 또한 내면에 감추어진 덕목이 아닌 행동으로 나타나는 결과다.

나의 마음에 작용하는 이 힘은 대체 무엇일까? 이것은 무엇으로 만들어졌을까? 이렇게 활동하는 이 힘은 얼마나 오래 지속될 수 있을까? 이에 대하여 내가 갖추어야 할 덕목은 무엇일까? 부족하나마 마음의 평정을 준비해야 할까, 아니면 용기일까, 정직과 성실일까, 있는 그대로의 모습일까? 아니면 스스로 만족하는 마음가짐일까? 이 모든 태도를 갖출 때마다 우리는 다음과 같이 고백해야 한다. '이것은 신이 허락했다.' 혹은 '이것은 운명이 준비한 내 삶의 일부이다'. 혹은 '그 운명으로부터 파생된 작은 결과물이다'. 심지어 '이것은 나의 일족이자 사회의 일원인 인간들에게서 왔지만, 자신의 본성을 알지 못하는 그들은 이러한 결과를 초래하고 말았다'. 하지만 이 모든 사실을 알고 있는 나는 인간 세상의 자연스러운 모습을 받아들이고, 그 누구라도 너그럽고 공정하게 대할 것이다. 또한 도덕적으로 중립적인 문제들에서는 각자를 마땅하게 대우하며 공평함을 구현할 것이다.

무엇을 하든 게으르지 말고, 사람들과 이야기할 때는 혼란을 조장하지 않으며, 생각을 할 때는 명료하게 구상해라. 영혼이 움츠러들거나 들뜬 채로 방종하지 말고, 일상을 쓸데없는 일로 가득 채우지 마라. "저들이 나를 죽이려 하고, 해치려 하며, 날마다 저주를 퍼붓고 있다"라고 말하고 싶은가? 그 일이 네 마음의 평정과 관용과 절제와 정의를 허물어뜨릴 수 있다고 생각하는가? 누군가 맑고 깨끗한 샘물 앞에서 욕설을 퍼붓는다고 해도, 그 샘은 여전히 맑고 깨끗한 물을 퍼 올릴 것이다. 심지어 진흙과 오물을 던져 넣는다고 해도, 그 샘은 얼마 지나지 않아 더러운 모든 것을 흘려보내고 또 다시 맑은 물을 솟구치게 할 것이다. 어떻게 하면 너도 그토록 맑은 물을 퍼 올리는 샘과 같을 수 있을까? 매 순간 자신을 살피고, 올바른 덕성과 관용과 소박한 삶을 실천한다면 그렇게 될 수 있을 것이다.

―――――

너는 지금까지의 경험으로 이미 알고 있다. 세상 어느 곳이든 온전한 삶은 없다는 사실을. 이론에도, 재물에도, 명예에도, 감각과 쾌락에도, 그 어디에도 온전한 삶은 없다는 사실을. 그렇다면 어디에 있을까? 인간의 본성이 가르쳐 주는 곳에서 찾을 수 있지 않을까? 그렇다면 인간의 본성은 어떻게 알 수 있을까? 모든 행위와 충동을 지배하는 원칙을 이해해야 할 것이다. 그 원칙이란 무엇일까? 선과 악을 규정하는 원칙들이다. 즉, 인간에게 진실과 절제와 용기를 주고 당당하게 살아가는 성품을 선사하는 것만이 선이며, 그와 반대되는 성향을 충동하는 것은 모두 악일 수밖에 없다.

―――――

어떤 일을 하든 자신의 이익을 기준으로 삼지 마라. 그 이익은 언젠가 네가 신의를 저버리게 하고, 관용을 떠나게 하고, 타인을 증오하고 의심하고 저주하게 하고, 너의 모습을 거짓으로 꾸미게 하고, 남의 눈을 피하여 벽이나 커튼 뒤에 욕망을 숨기도록 할 것이다.

———————

너의 원칙을 실천할 때는 검투사가 아닌 격투가처럼 투쟁해야 한다. 검투사는 칼을 떨어뜨리기도 하고 다시 주워 들기도 하지만, 맨손의 격투가는 결코 자신의 손을 내려놓지 않는다. 언제든 주먹을 쥐기만 하면 된다.

———————

너는 생각을 다스리는 법을 익혀야 한다. 누군가 갑자기 "지금 무슨 생각을 하고 있나?"라고 물었을 때, 숨김이나 주저함 없이 "이러한 생각을 하고 있어"라고 구체적으로 말할 수 있는 수준과 차원의 생각을 해야 한다. 그럴 때 너의 생각들은 정직할 수 있고, 너그러울 수 있고, 쾌락과 자기 방종의 망상에서 벗어날 수 있으며, 시기와 질투는 물론 부끄러워서 숨기고 싶은 마음을 벗어나게 된다.

너의 내면을 깊이 들여다보라. 그 안에는 선의 샘이 있을 것이다. 그 샘을 지키기만 한다면 맑은 물은 언제나 끊임없이 솟을 것이다.

옮긴이 노윤기

건국대학교 철학과를 졸업하고 글밥 아카데미를 거쳐 바른번역 회원 번역가로 활동 중이다. 옮긴 책으로 《알렉산드로스》, 《황제의 철학서》, 《자유, 치유할 수 없는 질병》, 《장미의 문화사》, 《에픽테토스, 나를 위해 살지 않으면 남을 위해 살게 된다》, 《군중의 망상》, 《랄프 왈도 에머슨, 성공의 법칙》, 《이 진리가 당신에게 닿기를》, 《앤지 포스테코글루 레볼루션》, 《지구가 평평하다고 믿는 사람과 즐겁고 생산적인 대화를 나누는 법》, 《단순한 삶의 철학》, 《옥스퍼드 튜토리얼》, 《남자의 미래》, 《구글은 어떻게 여성을 차별하는가》, 《세네카, 인생의 짧음에 관하여》(근간) 등이 있다.

두려워할 필요 없는 삶에 대하여

첫판 1쇄 펴낸날 2026년 2월 24일

지은이 마르쿠스 아우렐리우스
편역 로빈 워터필드
옮긴이 노윤기
발행인 조한나
책임편집 함초원
편집기획 김교석 문해림 김유진 김하영 박혜인
디자인 한승연 성윤정 김혜은
마케팅 문창운 백윤진 김민영
회계 양여진 김주연

펴낸곳 (주)도서출판 푸른숲
출판등록 2003년 12월 17일 제2003-000032호
주소 서울특별시 마포구 토정로 35-1 2층, 우편번호 04083
전화 02)6392-7871, 2(마케팅부), 02)6392-7873(편집부)
팩스 02)6392-7875
홈페이지 www.prunsoop.co.kr
페이스북 www.facebook.com/prunsoop   **인스타그램** @prunsoop

ⓒ푸른숲, 2026
ISBN 979-11-7254-105-7(03100)